地方高校服务社会发展策略与实践探究

徐国荣 著

中国纺织出版社有限公司

内 容 提 要

本书在总结国内外相关高校发展经验和成功经验的基础上，主要总结了地方高校服务区建设的理论，深入探讨了紧密相关的教育教学属性、教育经济一体化等关键理论。通过对世界其他地区大学的分析，认真研究相关大学的发展历史和典型实践，认真分析具有代表性的国家的大学，通过时代特征和区域经济发展等关键因素获得一系列重要信息和数据，总结了近年来中国大学取得的成就和面临的突出问题。从基础理论支撑理论出发，介绍了教育的内生增长、教育与经济的融合以及服务理论。从理论的背景和内容出发，描述了理论流派和相对深远的影响，包括大学与经济的和谐发展规律，成为本书坚实的理论基础。从市场看，高校应根据市场需求改变人才培养策略，及时调整课程安排，积极转型，适应经济快速增长的需求。

图书在版编目（CIP）数据

地方高校服务社会发展策略与实践探究 / 徐国荣著. —北京：中国纺织出版社有限公司，2023.12
ISBN 978-7-5229-1471-8

Ⅰ. ①地… Ⅱ. ①徐… Ⅲ. ①地方高校－社会服务－研究－中国 Ⅳ. ① G648.4

中国国家版本馆 CIP 数据核字（2024）第 046837 号

责任编辑：史 岩　　责任校对：高 涵　　责任印制：储志伟

中国纺织出版社有限公司出版发行
地址：北京市朝阳区百子湾东里A407号楼　邮政编码：100124
销售电话：010—67004422　传真：010—87155801
http://www.c-textilep.com
中国纺织出版社天猫旗舰店
官方微博 http://weibo.com/2119887771
三河市延风印装有限公司印刷　各地新华书店经销
2023年12月第1版第1次印刷
开本：710×1000　1/16　印张：10
字数：210千字　定价：99.90元

前言

地方高校要树立大学教育服务地方社会的理念，主动承担时代使命，适应当地区域经济建设的现实需要。这不仅有利于地方高校自身的转型发展，而且可以促进地方区域经济建设，实现高校与地方共赢。我国高等教育的主要实施者是当地大学。高等教育要想发挥自己的作用，离不开本土高校的合作。虽然国内本土高校众多，但其核心竞争力和整体人才培养水平均低于国外高校。如何培养区域经济建设所需的适应性人才，如何立足本土，更好地服务社会，如何提高师资实力和教学水平，成为当地高校和政府关注与研究的重点。地方高校应分析自身优势和劣势，结合当地社会发展中遇到的实际问题，科学合理制定服务策略，积极强化地方服务意识，围绕自身特点制订解决方案，努力寻求与企业合作的机会，加快研究成果转化。

本文研究地方高校服务区域经济建设过程中，使用文献法、案例法和实地考察法阐述文章选题的依据，从研究课题的内容、原则和意义入手，以思想技术路线为手段，描述课题可能的创新不足等问题。同时，梳理和总结了大量的文献资料作为相关理论论据，在总结国内外相关高校发展经验和成功经验的基础上，阐述地方高校服务区建设理论，深入探讨紧密相关的教育教学属性、教育经济一体化等关键理论。通过对世界其他地区大学的分析，认真研究相关大学的发展历史和典型实践，重点分析美国、英国、日本、韩国和新加坡等代表性国家的大学，通过时代特征和区域经济发展等关键因素获得一系列重要信息和数据；在分析国内外相关资料的基础上，总结了近年来中国大学取得的成就和面临的突出问题。本研究从基础支撑理论出发，介绍了教育的内生增长、教育与经济的融合以及服务理论。从市场看，高校应根据市场需求改变人才培养策略，及时调整课程安排，积极转型，以适应经济快速增长的需求。本研究以 LN 省区域经济研究对象为主体，分析了 JZ 市相关高校的特点，对其核心理念进行了定义，探讨了 LN 省大学的发展路径，明确了高校发展及其与国有企业的合作。

本书以B大学为研究对象，研究地方高校如何更好地服务区域经济建设。首先，通过前期问卷调查和实地访谈等方式收集所需信息，然后，根据获得的信息列出地方高校服务区域经济建设的具体措施和成果，并提出服务中存在的主要问题及成因，最终结合当地社会的实际需求，从地方高校自身、政府和企业出发，提出优化地方高校服务社会发展的路径选择和措施，推进地方高校自身建设，充分发挥高校社会经济发展的各项内容和表现形式，从自身办学理念、培养目标和周边环境三个方面加以落实。地方高校不仅要更新办学宗旨、学科建设、人才培养，优化教师科研实力，还要积极为地方企业的科研工作做贡献。适应地方区域经济建设的现实需要，树立大学教育为地方社会服务的理念，这不仅有利于地方高校自身的转型与发展，而且可以促进地方区域经济建设，实现高校与地方共赢。

徐国荣

2023年10月

/ 目 录 /

第一章　地方高校服务社会思想的起源

第一节　地方高校产生的历史背景

地方高校不仅是当代社会和当代城市发展的重要组成部分，同时也是人类文明不断发展的产物。随着地方高校自身的发展，它会逐渐成为所在城市以及地区经济文化发展的重要支柱。当代著名教育学家克拉克·科尔说过："任何地方的大学，都无法超过英国尽量为本科生考虑，德国尽量为研究生和研究人员考虑，美国尽可能为公众考虑的目标。"这足以表明在大学发展的历史长河中，高等教育的任何一个发展阶段其定位都是在特定宏观理念指导下进行的，具有自身的时代特点，从世界大学办学理念与办学定位的演变过程可以看出，对学校定位起直接作用的是适应当时社会经济与文化发展的需求。

1167 年建校的牛津大学与 1209 年建校的剑桥大学作为欧洲建校时间较长的两所高等学府，建校伊始，这两所大学的生源均来自上流社会，所学内容以古典学科为主，重点培养如医生、牧师以及律师等上层社会人士。但是到了 14 世纪，世俗王权与教会势力的冲突愈演愈烈，大学在这场冲突中发挥越来越重要的作用，此时大学的定位逐渐由国际化向地域化转变，并开始为地方的工商业发展提供服务。到了 19 世纪，地方高校已逐渐实现向地方化、区域化的定位转型。一方面，诸如牛津、剑桥等传统大学开始对所授课程进行改革，大量开设现代科学技术类课程，加强科研建设，努力适应地方工商业的发展需求；另一方面，地方政府开始创办专门为当地工商业发展培养针对性人才的地方大学，这类大学在课程设置上带有浓厚的地方特色，同时立足于当地发展需求，很快便成为推动当地工商业发展的中坚力量。

同一时期，美国国会为了促进自身的工业发展和实用教育，通过了著名的《莫雷尔法案》，掀起了“土地赠与学院”运动，加速了为地方工农业发展服务的农工学院的建立，同时促成了各州州立大学以及各社区大学的创设。到了20世纪，各高校与地方的联系越来越紧密，一方面，大学开始成为地方的标志，随着大学的不断发展和扩张，地方拥有越来越多的人才资源与储备；另一方面，地方开始不断地加大对地方大学的扶持，使其快速发展壮大，培养更多的可用人才。2001年，美国国家发展战略报告指出，美国20世纪后十年的经济发展，加州的贡献占了全国的四分之一，而加州大学的贡献占了加州的四分之一。在加州，大部分城市中都有加州大学的分校。像当年牛津创城一样，“硅谷”是围绕斯坦福大学崛起的，它们都是世界新概念城市建设的标志。由于当代社会结构发生了变化，对于大学来讲已经不单单是一个教育层次和一所学校的原有概念，它已然成为社会生产、生活的一部分，变成了知识科技和经济文化的主要载体。应当说，目前大学已经成为现代城市素质的风向标、现代社会的重要组成部分、先进生产力发展的推动力，不再像大学产生初期处于经济社会的外缘状态。

高素质的劳动者需要大学培训，新思想、新文化需要大学来孕育，城市文明需要大学来传播，科技知识等待大学去创造。大学是现代社会生活所需要的特殊人文环境的提供场所，大学是学习型社会所需要的学术资源的汇聚地，大学是一个区域文化层次最高人群的聚集地。近年来，尤其是随着高等教育大众化的来临，大学又成为教育消费与现代知识经济生产的新经济结构的重要组成部分，大学已然成为现代经济社会生产和生活中不可替代的部分，大学的作用和地位发生了历史性巨变。

大学是依托于地方而产生的，其发展与地方的发展紧密相连，地方也会因为大学的发展和知名度的提升而变得有名气、有活力、有凝聚力。我们将大学的发展过程与地方的发展过程进行对比，可以发现大学的出现和发展是建立在地方尤其是城市的出现和发展基础上的，二者存在明显的依存关系，从某种角度来说大学是城市发展的产物。同时，大学在产生和不断发展过程中聚集了大量的人力、物力、财力和创造力，这间接地促进了地方和城市的发展。所以，大学在产生之初就与地方的发展形成了相互促进、彼此依存和共同发展的关系。

我国地方高校的兴起和发展可以追溯到20世纪70年代。为了加强地市基础教育，加快地市工农业以及医疗卫生事业的发展，国家和省（市、自治区）在许多地市设立了师范专科学校、教育学院、医学专科学校及其他类型的高等学校。这一时期，地方高校的主要任务是承担起对城市基层教师和医生进行培训的工作任务。应该说，这一阶段，地方高校虽然办学层次不高，服务的领域也比较单一，但却做出了特殊贡献。

随着改革开放政策的进一步推进，特别是中国加入 WTO 以来，人们逐渐认识到经济发展与人口拥有量之间的关系，原来的地方高校无论办学规模还是社会作用都已经远远不能适应当代社会飞速发展的要求。社会对于教育尤其是高等教育的关注度以及需求度远远超出了人们的想象，特别是当国家将教育与人力资源确立为“第一战略资源”和政府的“第一要务”发展观之时，这种现象越加明显。在这种背景下，倡导建设地方高校的积极性被充分地调动起来。1999 年，国家扩招政策确定后，地方高校的发展呈现直线上升的可喜局面，高校的布局结构从此向下延伸，为地方高校的发展带来了历史性机遇。据不完全统计，1999—2000 年，经过教育部备案新增设的地方高校高达 110 多所，占全国新增高校总数的 50%。其中，属河南、河北、山东和江苏高校增加最多，各自在 10 所以上。

随着地方高校数量的不断增加，地方高校逐渐成为我国高校的重要组成部分，同时从教职工人数、学校占地面积和学生数量等来看，地方高校在我国高等教育中逐渐占据较高份额。许多地方为应对知识经济的挑战与全球化的经济竞争，越来越重视地方高校在经济发展中的作用。

第二节　国外地方高校办学中体现的服务社会思想

英国的曼彻斯特欧文斯学院、伯明翰梅森学院、达勒姆大学、利物浦大学、埃克塞特大学和谢菲尔德大学等是最早一批将自身办学定位与地方工商业发展相结合的大学，这也使其办学特色具有浓重的地方色彩，同时是推动英国新大学运动的先驱。这些大学均设立在以工业生产为主的城市，主动承担当地的工业化人才培养，适应当地的发展需求，积极投入当地的社会服务中。同时，诸如利物浦、利兹、伯明翰、谢菲尔德、曼彻斯特和纽卡斯尔等地区大学的创办者主要是当地的工商界人士，包括茶商、酿酒厂厂主、发行商、棉花厂厂主、制笔商、船厂主、炼钢厂厂主和本地银行家，所以，这些大学的研究人员和教授主要从事润滑法、钒钢、煤气取暖器火花塞、乳酪肥皂、煤矿抽水机、镀铬皮革、电台调谐和四冲程发动机等一些有利于本地工业发展的项目，而且使用的是革新性的方法。英国新大学运动的兴起与发展为地方大学的发展奠定了地域基础，提供了参照依据。

无论从观念上还是实践方面，人们普遍认为地方高校服务社会职能的确立是在美国开始成形的。因为英国大学并不是完全由政府资助建立的，在建立资金中有相当大一部分是地方工商界人士的捐赠。虽然所建立大学的总体目标依旧为服务当地的工商业发展，但是由于出资人成分复杂，最终产生了优先服务个别出资人所在行业的状况，这一现象最终导致英国新大学的办学特色逐渐消失。而美国在最初便通过制定相关法律赋予赠地学院以独立的地位，学院根据本地需求形成自己的办学特色，并在此基础上逐渐形成著名的威斯康星思想，走出了与英国完全不同的道路，也使其成为地方高校第三职能——服务社会的发源地。同时，世界经济合作和发展组织的教育研究与革新中心通过研究分析指出：美国赠地学院的创办是地方高校服务当地社会这一观念的源头。1862 年，由时任总统林肯批准、美国国会通过的《莫雷尔法案》，为当时美国地方高校的发展提供了巨大的动力。据统计，从 1862 年法案开始实施，到 1922 年这 60 年时间里，美国共有 69 所赠地学院先后建立，其中最具代表性的为 1848 年创办的威斯康星大学，其作为地方高校服务社会的典范，首次明确将“公共服务”作为本校的第三项职能，同时与州政府进行了深入密切的合作。1909 年，美国著名新闻记者斯特文斯在采访中评价道：“在威斯康星州，大学像是猪栏或存放农具的存放室一样贴近农民的生活，而大学实验室则像日常生活中生产机器的一部分。”国内的学者也对此做出了高度评价：“在那些研究型大学忙着成为一流大学的时候，威斯康星大学则联合众多的州立大学以及社区学院努力地为当地社会经济和文化的发展做好服务，将自身的办学定位确定为为当地经济和社会发展所服务，实践表明，威斯康星大学在努力完成这一目标的同时也促进了自身的发展。虽然这些大学以及学院并没有成为世界一流大学，但是它们找准了自身的办学定位、确立了自身的办学理念、促进了地方经济和社会的发展，因此，它们足以被各界所尊重。”威斯康星大学始终将服务地方经济和社会发展这一理念贯穿自身系统的每个部分，使服务社会最终成为地方高校的第三职能并沿用至今，其办学理念和实践具有划时代意义。

第三节　国内高校办学过程中服务社会思想的体现

从我国大学的发展历程来看，我国开始建立现代大学制度是从京师大学堂开始的，仅有一个世纪，这么短的时间导致我国大学无法形成自主的具有中国特色的办学思想。而且在这一个世纪里，有半个多世纪中国都处于战乱与动荡之中，当时大学首要考虑的是如何存续，根本没有精力探索自己的办学理念，而之后的半个世纪，中国又在建设新中国的探索和艰难曲折中耗费了大量宝贵的时间，这就使当时的大学虽然处于和平年代，但依旧很难静下心来思考自身的教学理念，也无暇对国外大学的先进教学理念进行研究。

我国最初一直将“学在官府”视为教育传统的主流，在这种环境下，“学而优则仕”就成为无数学子奋斗一生的终极目标。加拿大多伦多大学资深教授许美德通过分析中国传统学术，认为中国在古代时的文化模式主要分为两种：一种是具有高度权威的集权式官办学府；另一种则是具有一定自主权的、教学方式灵活的书院以及其他一些非正规学堂，这些书院与非正规学堂是与官办学府抗衡的主要力量。

到了清朝末年，西学开始逐步进入学堂，逐渐形成了“中学为体，西学为用”的教学思想。各学堂也开始将“谨遵谕旨，端正趋向，造就通才”作为教学宗旨，逐步加大对专门人才的培养。但是由于当时社会还处在封建朝廷的统治之下，所以此时学堂培养的“专门人才”也只是为了加强封建统治，对地方社会经济的发展贡献极低。因此，此时的学堂并未建立真正意义上的为地方经济服务的思想。民国初年，时任当时教育总长的著名教育家蔡元培先生指出要“以国家需要为宗旨”“培养专门人才”，这标志着我国教育界开始思考高校为社会服务的问题。但是由于受到时代的限制，蔡元培先生提到的社会服务与现在的社会服务有很大差别，所以，此时高校服务地方社会的思想尚未形成。

1950 年，第一次全国高等教育会议通过了《关于实施高等学校课程改革的决定》，该决定指出，“为加强教学与实际结合，高等学校应与政府各业务部门及其所属企业和机关建立密切的联系。高等学校的教师应与上述部门的工作、生产和科学研究作适当的配合；应该有计划地组织学生的实习和参观，并将这种实习和参观作为重要的教学内容。各高校根据会议内容开始调整自身的办学方向，积极配合社会经济的发展，同时由各省、市和自治区主导创办的地方性大学逐步增多，越来越多的高校投入了地方经济和社会的发展之中，高校的社会服务职能逐渐受到重视，为地方的经济建设和社会发展作出贡献成为地方高校实现大学价值与功能的追求。

20 世纪 90 年代，随着改革开放的不断深入，我国各地方大学迎来了发展的黄金时刻，在此期间，地方大学在服务地方经济和社会发展的思想方面得到了快速发展和极大丰富。“九五”期间出现了我国各大高校与企业合作的良好势头，地方高校与地方企业通力合作共同承担国家的技术创新项目，在合作过程中，高校与企业优势互补，不仅推动了企业自身的发展，还有助于行业瓶颈的突破，同时培育了一批又一批新的经济增长点。随着各地方高校办学规模的不断扩大，社会服务形式多种多样，我国高校开始将国外先进的社会服务理念融入自身发展中，在汲取国外高校社会服务理念经验的同时，创造了更加丰富的服务模式和实践形式，使得地方高校服务社会的理念不断丰富和升华。

随着时代的发展，高等教育扩招从提议变成了政策，许多地方高校办学目标开始出现不符合时代发展的苗头，同时由于我国传统文化中重学轻术思想观念的影响，各高校提出了争办国际著名大学的办学理念，这种盲目的追求不切实际，对地方大学保持办学特色、发挥地区优势有很大的负面影响，造成了很多资源浪费，影响了办学效率。由于我国各地在经济发展上存在较大差别，主要呈现出多元经济和多元化产业结构的格局，这就决定了我国不同地区的地方高校应该根据所处地区的发展情况培养适应不同岗位和需求的多层次、多类型且具有针对性的专门人才。因此，各地方高校的教育结构也应该是多层次、多类型的。各地方大学只有根据自身的实际情况以及地方经济和社会发展的需要，找准自身在办学理念上的定位，才能够优化自身的教学结构，合理地分配教学资源，充分发挥人才培养、社会服务和科学研究的职能和作用。我国著名学者潘懋元先生着眼于人才培养目标对地区一流大学进行了分析，他指出，地区一流大学应该施行大众教育而不是精英教育，其目标不应该是选拔高层次教育的生源，而应该立足于社会对大量专门人才的需要以及受教育者对自身完善和自我发展的需要。地区一流大学应建立能够满足地方经济升级转型的学科结构和科研水平，开发适应地方多元化价值观念建设的服务模式，培养具有专业知识素养的高水平人才。地方高校服务地方不是刻意地在基础研究方面追求一流，而是需要在选择、传承、整合、交流地方经济和文化上多下功夫。地方政府支持地方高校发展的目的是推动自身经济的发展，受教育者的主要目的则是学习更多有用且实用的知识。要想成为“地区一流”，就应该将教学理念融入教学过程，实现人才培养目标到社会服务方式的多元化，同时还要结合地方特色，选择与地方经济发展和社会建设联系密切的、具有良好发展前景的、最能体现地方特色的专业进行重点发展与建设。

21 世纪不仅是知识经济高速发展的时代，也是各类人才竞争的时代，随着知识经济的快速发展，我国在经济发展过程中的重点开始由对物资的依赖逐渐转为科技进步和提高人民整体素质等方面，对人才的需求也逐步上升，地方高校的创办和发展为我国经济转型和发展提供了必要的人力和智力支持。近年来，高等教育的作用以及地位越来越受到社会的关注，这是由于科教兴国战略的实施，因此，高等教育将发挥超越以往任何时代的重要作用。另外，由于经济全球化的深入展开，国际交流越来越频繁，综合国力的竞争越加激烈，一个国家整体素质的高低、拥有人才的数量以及质量，特别是知识与技术创新能力，决定了该国在国际竞争中能否占有优势地位。而这些因素的改进与提高都依赖于教育。目前，我国高等教育已完成了由精英教育向大众教育的转变，目前正在向普及教育发展，在高等教育区域化发展过程中，其对区域经济发展的影响尤为显著。有研究表明，82.4%的高校毕业生选择在高校所在地就业，这些高素质人才会成为推动地方经济发展的主要生力军。现在区域经济的发展已经不像过去那样依赖于人力、资本和资源的耗费，走外延发展的道路，而是把高等教育作为提升区域竞争力的核心要素，走的是内涵发展道路。在促进科技发展以及科技成果转化方面，高等教育扮演着越来越重要的角色。但是国家或地区的经济发展状况总是制约地方高等教育的发展，区域经济发展了就会加快地方高等教育的发展。区域经济的发展会促进生产技术结构和产业结构发生调整，在某种程度上会对地方高等教育的课程设置、专业设置与人才培养计划提出调整和优化的要求。所以，我们应当清醒地认识到，迎接知识经济挑战中教育的重大使命，应当充分发挥地方高等教育在区域经济中的重要作用。这种理念对于促进当地经济社会的发展具有十分重大的意义。

从某种程度来讲，我国高等教育大众化的质量和速度，以及我国高等教育事业的总体发展水平，最终都取决于地方高校自身的发展水平。百余所部委所属的高校的发展，是不能促使整个中国高等教育发展的。假若没有地方高校的参与，那么更高水平的高等教育普及化与大众化的目标是难以实现的，建设学习型社会的重大任务也不能如期完成。

近年来，随着全国高等教育管理体制改革不断深入，地方高校在加强自身发展的同时也成为高等教育的重要组成部分。在招生数量方面，地方大学在精英教育向大众化教育转化方面起到了重要作用；在数量方面，地方高等学校也成为我国高校的主体。

同时，随着大众对物质文化需求的增长以及现代经济结构的调整，现代城市的作用和发展模式开始由最初的大工业生产中心转变为生活消费中心和文化服务中心；从最初的以工厂数量、政府机关级别高低和城市悠久历史文化沉积为标志转变为现在的以文化生活与服务设施、自然环境条件、科技教育水平为主要标志。一所集科技、教育、服务、文化于一体的大学是城市所需要的，尤其是具有雄厚的实力与鲜明特色的大学已经成为现代城市素质的重要代表。以前人们对于一个地区、一座城市的评价，往往是以这座城市的建筑风貌、经济特色和人文景观为标准，现在人们对于一个区域和城市的评价，除了以上的因素外，往往会把该区域好大学的数量、人群素质结构、人才聚积状况等因素也考虑在内。从某种程度上讲，大学的存在已经成为城市文化、内涵、发展潜力的象征，当地居民也将地方高校的发展作为所在城市文化品位的标志和城市发展的希望。

随着地方经济的发展，高等教育日益受到重视，同时人们对于地方高校在区域经济发展中的作用提出了更高的要求。在此背景下，研究地方高校促进区域经济发展的意义尤为重大，对形成一条中国特色地方高校发展道路以及促进我国经济各方面协调发展具有十分重要的理论与实践意义。

第二章　地方高校服务社会研究现状分析

第一节　地方高校服务社会国外研究现状

国外高校的社会服务工作最具有特色和成效。其中，美国、英国和日本的大学社会服务研究学者较多，不同的“社会服务”文献之间存在细微差异。大概有三种表述，一种被统称为服务，另一种被包括在公共服务类别中，还有一种是社会服务。笔者从社会职能服务发展、社会服务能力研究、高等教育对经济增长贡献的理论研究、高校社会服务思想的形成与发展、地方高校社会服务的形式五个方面对国外文献进行梳理和总结。

（一）社会服务职能发展

在学术上，学者们认为高校的社会服务职能最终在美国形成。20 世纪末，美国高校的社会服务职能开始形成。美国著名教育家克拉克·科尔表示，1848 年美国发生的赠地学院运动是公共服务的起始源头，同年，该学校第一次提出“公共服务”是大学的第三职能，服务是大学的唯一理想。他们提到的社会服务思想是人们后来认同的社会服务功能，即学校是培养人才、为社会提供人力资源、经济社会发展服务的场所。后来，美国威斯康星大学通过不断探索和发展，不仅为农业提供科学学科知识，同时还为当地社会的经济文化贡献自身力量，最终提出了产学合作的理论，并将其进一步推广到地方社会的实际应用中。

（二）社会服务能力研究

国外高校社会服务能力研究相对较早。20 世纪 60 年代，一些学者研究了高校的社会服务功能。例如，J.M. Minter & L.M. Thompson 合作出版的《学院和大学：社会变化的机构》，R. Heyns 出版的《作为社会活动工具的大学》，S.E.Luria 发表的《大学的作用：象牙塔、服务站还是前沿阵地》等。通过对高校与社会关系的研究，我们可以得出高校社会服务能力的结论。高校在自身发展过程中不断与社会发展互动，促进社会发展在满足社会发展需求的同时形成了社会服务的能力。高校只有投资于社会发展，才能在服务社会中发挥作用。

如今高校服务社会的经济建设需要拥有五大能力：第一，高校要具有强大的专业能力和专业素质。俗话说“打铁还需自身硬”，若高校的专业能力和专业素质薄弱，是无法实现专业化的；第二，高校要具有社交能力，高校、地方政府、企业中最多的是人，不是机器，这需要高校、企业、地方政府三者之间具备良好的交流能力，如此使得高校、企业、地方政府形成三者互帮互助之势，有效推动高校自身的发展、社会区域经济的发展和建设；第三，高校要具有处理自身与地方之间的关系的能力，高校在服务经济建设的过程中需要不断地跟人建立关系，只有在不断建立关系的过程中，才能更好地服务于社会，更好地为社会做贡献；第四，建立一定的高校评估和规划能力；第五，高校要具有组织能力、提供服务的能力以及团队合作的能力和独立能力。

（三）高等教育与经济增长贡献的理论研究

国外的教育对区域经济做出的贡献颇多，其研究成果也比较丰富，主要体现在舒尔茨的人力资本论、丹尼森的增长因子的分析方法和罗默、卢卡斯的新增长理论。20 世纪 60 年代，芝加哥大学经济学家舒尔茨提出了人力资本理论，用于估算 1929—1957 年美国教育投资的成本和效益。教育是经济增长的主要贡献力量，并且在教育研究方面取得了突破性的研究成果。1962 年，美国经济学家丹尼森在《美国经济增长因素和我们面临的选择》中认为，教育的作用体现在劳动力的数量和质量上，并且得出影响经济增长的主要因素是教育的作用。20 世纪 80 年代，以新增长理论为代表的罗默、卢卡斯提出了内生经济增长型，经济增长从依靠物质资本转变为知识和人力资本，而社会对知识的研究、开发、教育、培训等方面的投资决定知识增长的程度。20 世纪 90 年代，教育的经济贡献率日益受到国外学者的重视，高梅尔、巴萨尼尼和斯卡尔佩塔分别采用不同的方法对不同受教育群体的教育经济贡献问题进行了研究。

（四）高校社会服务思想的形成与发展

从大学职能演变的角度看，刘银凤在2014年曾指出，19世纪“赠地”运动的举办，促进了美国工农业的发展，渐渐地，服务社会经济建设成为美国大学三个主要职能之一。1862年美国发布了《莫雷尔法案》，极大地促进了赠地学院的快速发展。1912年，威斯康星思想广泛传播，促进了社会服务功能的发展。世界著名大学的经验：陈时见、甄丽娜（2006）对20世纪50年代后美国大学服务地区的经济和社会发展作了详细论述。20世纪60年代以来，“士顿—坎布奇科学工业综合体”等数百个“校企联盟”形成，美国大学与企业的“伙伴关系”迅速发展。随着知识经济时代的到来，美国高校普遍建立了产学研合作体系，校企合作和联合研发发展迅速。蔡袁强（2012）梳理了法国和日本大学的社会服务：法国颁布了《高等教育法》，主张高校管理现代化，实行分权制、大学自治，尊重社会权威，大学积极参与国家和地区的经济、社会和文化活动，几乎所有大学都设立了与本地区经济建设和社会发展有关的研究机构；日本成立了全国性的“产学合作研究委员会”，主张高校应积极适应产业结构调整的需要，利用自身的知识、人力、技术等资源为社会做出贡献，并根据社会经济和政治制度推动教育结构的更新。

国外高等教育的哲学是关于知识应该“自为”还是“他为”存在的探讨分析，同时也分析地方高校服务社会经济建设的问题，提议知识应该“他为”存在的理论，指导地方高校应该为国家而服务，为所在地的社区服务。20世纪90年代，美国提出“他方为中心”的理论思想，正是在这种思想的引导下，美国高校举办了“相互作用的大学运动”。“他方为中心”的理论思想是将社会区域的人民发展成为“利益相关者”“共同产权人”，进而使高校与地方社会成为互惠互利的伙伴关系，实现二者的共同发展。

（五）地方高校社会服务的方式

地方高校社会服务的内容和形式的对社会、对其他国家影响力比较大的除了苏联提出的“教学、科学研究、生产联合体”理论以及在日本实践的“官、产、学、用”的筑玻科学圆外，还有英、美等发达国家关于大学和高科技园区的高科技理论研究和实践。部分学者对英、美等发达国家的地方高校服务社会的管理制度、服务机制以及服务的内容和方式等都进行了一定的探讨分析，比如提出了地方高校服务形式多元化的理论、学术研究的社会化理论等，都是值得我们学习的成功案例，有助于我们更好地推动高校服务社会区域的经济发展和建设。

学者吴峰（2003）指出，美国高校的社会服务形式包括学校企业合作、研究中心的建立、科技园区的建立，以及为企业发展提供技术、政策建议和社区服务。刘银峰（2014）指出，美国国立大学的社会服务形式包括两个方面：一方面，州立大学通过与社区、政府和企业的互动发挥其社会功能；另一方面，州立大学通过保护智力资源、政策法规和市场需求，在学校内部发挥社会服务功能。张湘洛（2008）指出，为了扩展服务社会经济的范围、方法、方式，大力发展海外办学，英国海外办学经历告诉我们海外办学需要历经初始阶段、新大学拓展阶段和快速全面竞争阶段，同时在办学过程中要考虑考教分离、合办大学、设立海外分校、远程教学、与国外大学联合办学合作培养的“A+B”办学形式，如此一来，英国在海外办学过程中获得了有利于自身服务社会经济建设的经验，并进一步实现跨越的空间。刘晓光（2011）阐述了日本高校社会服务的形式，包括开放高校的实验和教学设备，为高校提供人力、物力、智力等资源，开展校企合作，建立科技园区。柯玲（2013）比较了美国和日本高校的社会服务模式。二者的共同特点是既以政策为导向，又具有长期性。不同点是，美国以高校为主导，高校与企业、社区和政府相互取用，日本以政府为主导，指导高校的社会服务工作。

第二节　地方高校服务社会国内研究现状

衡量高校办学能力的关键性指标之一是社会的服务能力。我国地方社会能力的发展相对落后，近年来引起了许多学者的关注。通过阅读文献，笔者从地方高校就业研究、社会服务建设中存在的问题及对策、地方高校与区域经济社会关系研究、地方高校社会服务内容研究的四个方面总结了学校社会服务能力的研究成果。

（一）地方高校毕业生与地方产业兼容度

截至2021年，我国高校毕业生人数达到909万人，再创“新高”，加之新冠肺炎疫情的影响，国内高校毕业生的工作问题面临着重大挑战。疫情期间，地方部分高校线下招聘会无法举行，毕业生就业困难，企业经营方式改变，就业岗位减少，“慢就业”现象增多，以下具体讨论。

部分高校线下招聘会无法举行，毕业生就业困难。2020年，高校教学计划和课程安排均被打乱；秋季招聘无法到校内举办，部分企业以线上方式招聘，这使毕业生就业机会减少。2021年国内大部分学校开学延迟，毕业设计、毕业论文也随之受到一定影响；春季招聘无法进行，使高校毕业生再次失去宝贵的就业机会，大大影响了高校就业率。

企业经济方式改变，就业岗位减少。部分线下经营的企业被迫转到线上经营，或者采用线上、线下相结合的经营方式。还有部分企业为了降低公司人力成本，直接减少工人薪资或大幅裁员，导致就业岗位数量锐减，也削弱了高校毕业生就业的积极性，使部分毕业生不愿意找工作。

“慢就业”现象增多。“慢就业”现象增多，滋长了学生的焦虑和不安。特殊时间人们出行受阻和就地过年让部分学生无事可做，致使他们养成了懒散的不良习惯。由于国内各个地方高校开学的滞后性，部分高校将线下教学调整到线上授课，如此一来，学生的学习热情不如线下高，效果自然不好。特殊时期延误的课程时间给学生带来更大压力，学生在不断找工作的同时还需完成毕业设计、毕业论文的撰写，一定程度上影响了高校学生的毕业。

（二）地方高校服务社会现存问题

当前，地方高服务社会建设存在五个问题，具体分析如下：

教师结构不平衡，服务质量有限。高校在建设过程中存在建设周期短、建设基础弱、现有的教师资源的年龄结构受限，专业类别受限等问题，“双师”结构不健全，尤其是“双师”结构中，理论类型教师较多，实践类型教师较少，导致高校的实际动手能力不足，科学研究的创新能力薄弱，以及对于现代科学技术的应用能力欠缺等。

教学任务繁重，服务精力有限。地方高校作为一所以教学为导向的学校，主要承担着高等教育大众化和职业教育蓬勃发展的双重任务。但是，随着地方高校数量和学生数量的急剧增加，国家对地方高校的投入并没有加大，如此一来，导致地方高校学生的教学资源严重匮乏，加上本身高校的教师数量不足，教学工作量大，学校服务地方社会的能力、时间和精力都受到限制。

社会认可度低，服务机会有限。由于传统文化和历史偏见的影响，社会对地方高校重视不够，直接导致地方高校教师难以获得科研和社会服务的机会。当政府、企业和其他服务对象需要在决策咨询、技术开发等领域寻求智力支持时，除了考虑“985”和“211”等著名大学和一些名人之外，很少考虑与地方大学寻求合作。

科研发展不平衡，服务领域有限。地方高校的主要任务是培养创新型、技术型人才，虽然目前大部分地方高校都在加强科学研究的资金投入，但其科学研究的贡献主要集中在高等院校教学改革领域，而关于社会经济的研究、装置设备的技术性研究的成果少之又少，地方高校应对重要科学研究的能力不足，尤其是地方经济生产领域的技术研发，同时科研成果转化能力弱，不能驱动地方社会经济的发展。

缺乏服务机制和有限的服务行为。目前，政府对地方高校的支持主要是由职业教育重点建设项目驱动的。为了在办学过程中获得更大的财政支持，高校高度重视省级和国家级示范（骨干）学校、高素质特色专业、高质量课程等职业教育重点建设项目申请的组织协调，但对社会服务缺乏统一的组织管理，学校缺少专门的组织或对应部门进行协调规划。从事社会服务工作的教师要么是独立的，要么是完全自发的。正在进行的部分服务型项目缺乏有效的跟踪以及有规律的组织，结果要么半途而废，要么无果而终。与此同时，部分高校在知识转移的方式方法上缺乏对应提供服务、接受服务的环境以及理论指导和实践能力。

从宏观政策看，冯东认为，地方高校和地方政府在体制上存在很大阻力。大部分地方高校在行政上均隶属于当地所属的省教育厅，主管校领导同样隶属于省教育厅的行政管理，但是很大一部分地方高校都是在中心城市以外的地市创办的，这就使地方政府的行政领导级别与高校的行政领导级别是同等级的，地方高校有自己的运行体制，与地方政府几乎没有人事上的往来，经济上也不具备相关性。此外，有的学者还认为阻碍地方高校服务地方经济建设和社会发展的是路径，地方高校和地方政府缺乏合适的对接机会，两者在各自的管理模式下运行，缺少共建的平台。

从地方高校自身看，程肇基认为，在对外服务的思想观念上地方高校过于保守，缺乏相关的服务实践能力，导致地方高校无法为地方经济发展提供相应的服务。地方高校在办学理念、办学指导思想、服务地方经济建设的认识和能力以及教学管理模式上与地处中心城市、省会城市的大学相比存在很大差距。地处非中心城市的地方大学滞后的观念导致它们在文化建设和科研发展前沿等方面稍显落后，再加上缺少沟通渠道，地方高校在地方经济发展中的定位出现偏差。段雪辉则认为，现阶段的高校管理者缺乏主动为地方经济服务的观念，没有赋予社会服务这一高校第三职能重要的地位，在制定促进地方经济发展的政策和体制机制的建立上存在严重不足。同时，地方高校服务地方经济发展的形式比较单一，整体质量不高。还有一些学者指出，地方高校无论是在学科团队还是在师资力量上都与国家重点高校存在一定差距，但是地方高校仍然一心赶超那些重点高校，缺乏寻找特色与优势领域协同创新突破点的深层次举措。

从地方政府看，一些学者认为多数地方政府并没有认识到，在“新常态”背景下，地方经济转型和产业结构优化所面临的困难，缺乏主动向地方高校寻求智力支撑的自觉意识。盲目相信“名牌院校”，忽视地方高校，将本地的项目委托给国家重点院校和研究所，导致项目的最终成果不符合地方实际发展需求，与预期目标相去甚远。还有一些学者认为地方高校与地方政府存在互不需要的心态，一方面，地方高校自组织性太强；另一方面，地方政府认为人才的需求和科学技术的创新均可通过市场或是其他途径解决，完全不需要地方高校的支持与配合，这也是导致地方高校与地方政府渐行渐远的重要因素。

（三）地方高校与区域经济的联系

徐同文在《中国地方高等教育发展战略》文中，阐述了我国高等教育的发展现状、历史地位、所起的作用，以及影响其发展的因素，还进一步阐述和探讨了地方高校发展的有效途径。李玉增在《地区高校社会服务策略探讨》一书中指出高校一方面要树立服务地方周围经济建设的可持续发展理念，另一方面要找到符合本校自身的特色和实际服务原则，以及执行原则的有效途径。徐同文在《美国地方高校社会服务现状及借鉴》中指出，我们要从多个角度审视美国地方高校服务社会的内容，发现美国高校服务社会的领域多，服务内容广泛，服务的形式方法多种多样，服务的市场文化程度不断提高，服务的范围逐渐地往外拓展。通过不同社会服务内容，美国高校认识了区域社会，并参加了区域社会的各种各样的活动，并围绕区域社会开始从边缘服务向社区中心靠拢。马德秀指出，著名世界大学理应包含服务社会，大学理应为社会、国家的发展储备全能型人才。

地方高等教育为社会区域经济的建设和社会发展提供人才培养的服务。地方高校一般处于省内的各个地市，对当地社会的经济、政治、文化发展的需求清楚，为了推动地方社会的经济建设和发展，高校通过调整学科专业，培养符合地方需求的人才，以最快的方式应对区域经济结构的调整、产业的升级、社会事业的发展对人才的需求，从而进一步为社会区域的发展提供强有力的人力资源的保障。

地方区域的经济和社会的发展为高等教育提供充足的人力、物力、财力以及高校学生的就业需求。区域经济和社会的发展水平直接影响地方政府的财政收入，导致地方高等教育的财力支持水平也有所下降。一般情况下，经济越发达的地方，其财政收入越高、越丰富。教育支出是地方财政支出的重要部分。区域经济和社会发展水平也直接影响高等教育院校毕业生的就业情况。高校毕业生的就业情况始终与国家、社会的产业结构有密切的联系。经济快速发展必然要求升级产业结构，通过产业机构的升级推动人力资本的形成、技术的创新和制度的革新，使地方经济由粗放型向增长型过渡，而经济的转变需要大量的技术型、管理型人才支撑，地方经济社会越发达，人才的需求数量就越多，如此一来，高校毕业生的就业问题就得到了解决。

（四）地方高校服务社会的方式及内容

姚成郡从科学研究与科学发展、人力资源开发、文化辐射、决策咨询、合作建设五个方面具体论述了高校服务于区域经济社会发展的内容。周旭清从安全机制、运行机制、特色学科发展、人才培养等方面提出服务的方式。麦茂生从转变教育观念、人才培养需求、学科建设、教学改革、加大投资保障等方面提出了高校服务区域经济发展的内容。田丰认为，产学研结合是高校开展区域服务的重要途径，校企合作是学校开展区域服务的重要模式。

随着高等教育的深入改革，科学技术迅猛发展，地方高校服务社会的内容和形式面临着前所未有的挑战，新时期的地方高校服务社会内容主要包括人才的培养培训、科学技术的服务、信息的服务以及文化资源的服务四方面内容。其中，人才的培养培训是核心内容，关键是科学技术的服务，信息的服务的位置显而易见。虽然地方高校服务社会的内容、形式各种各样，涉及社会的政治、经济、文化等诸多领域，但是高校还是要以其周围的地方社会区域的经济建设的需求为主进行多学科、多方位办学，加强在实际应用中的服务意识、服务能力以及提供周到的服务。当然，高校的社会服务内容和形式的确定还要根据高校自身的情况做出选择，国内并不是所有地方高校必须采用一种服务社会的内容和形式，而是要将高校自身的办学理念、培养宗旨以及地方社会的经济、政治、文化、企业等有机结合起来，形成一套符合高校和地方社会经济建设的内容和表现形式。

地方高校如何才能有效地、全面地将自身的经济、文化、科研与地方社会区域的经济、文化的发展相融合，实现高校、地方双赢呢？随着我国高等教育的不断发展，地方高校服务社会的内容和形式也在不断更新补充符合需求的创新内容。

首先，高校根据社会区域的产业结构及其发展情况，分析产业对人才和科技的需求力度，然后根据地方社会的制度进行学科建设和对应人才的培养，为未来产业结构的调整、优化和发展不断提供智力支持，与社会的产业努力形成互动的局面。其次，高校向社会区域不同企业输送高质量、高素质人才，提高地方社会居民的教育水平、综合素质，加强社会区域的社会生产力，实现地方高校与地区科技领域的技术融合和发展。

从地方高校为社会服务的横向角度来看，服务模式可以分为单一领域的服务模式、多领域的服务模式以及全方位服务模式三种服务模式，这三种模式各有特点，其中，单一领域的服务模式指的是地方高校的服务内容主要集中在单一方面领域，该服务模式内容虽然单一，但应用于其服务的领域。多领域的服务模式被国内的综合性大学所用，多领域则需要从多个方面充分认识地区的经济社会发展，该模式相对于单一领域服务模式说所涉及的内容广泛，社会区域管理起来难度相当大，同时该模式还被要求地方高校要重点突出工作，打造属于自身的特色品牌学科专业。全方位服务模式对地方社会的要求更加严格，不但要求服务社会的质量优异，还要有全局观、发展观，保持社会各方利益的平衡，力求高质量、高效地完成任务。

（五）地方高校与区域经济发展面临的困难

1. 地方高校方面的问题

在学科建设中，地方高校相对于部属院校在人才引进、经费投入和社会影响等方面都受到较大的制约，排除这些不利因素，地方高校本身也存在很多专业设置和调整方面的问题。

地方经济发展与社会建设正处于不断变化的状态，而地方高校的教学结构设置灵活性较低，导致高校存在教学结构不合理、专业设置滞后、培养方式单一等问题。专业水平较低、设置重复的情况较为普遍，本就有限的资源遭到严重的浪费，无法按照地方经济发展和社会建设的需求有针对性地进行人才培养，目前，社会市场中虽然人满为患，但还是缺乏可用性人才。

一方面，现今各地方高校专业重复性现象严重；另一方面，随着社会经济的发展，即便所谓较新的专业也面临着“知识爆炸”的挑战，如信息网络技术的快速发展，经常两三年就有较大变化，五年之间简直可以说有“代差”，而大学的相关专业和课程的更新速度无法与之匹配。当代大学生在学校所学知识和技术有相当一部分是落后于时代和社会经济发展的。就地方高校而言，它们本来就不处在经济发展的中心，对于实际情况和前沿资讯的了解比较滞后，再加上当今高校缺乏创新意识，理论与实际脱节，这使地方高校不用说引领区域经济的发展，就是与区域经济协同发展也很难做到。

现在大多数地方高校是以教学为主，科研活动在学校工作中所占的比例较小。教师的主要任务是进行教学，开展科学研究的时间和要求比较少。这样，地方高校的科研水平自然比部属高校的科研水平低，即便有少数科研人员仍然在努力地开展科学研究，但往往是单兵作战，所承接的科研项目级别较低、经费较少，产出成果概率则更小，从而严重阻碍了地方高校科技实力的提升，也影响了与区域经济的协调发展。

在自然科学领域中，地方高校科研水平较低，而且科研的方向与地方产业经济脱节，因此，它们解决本区域的工农业生产技术问题的能力明显不足，不能为所在区域的产业经济提供足够的技术服务和支持。同样的问题也表现在社会科学领域，例如，地方高校的教授和学者在解决本区域社会经济发展的理论和实际问题上就显得前瞻性不足、针对性不强，其建议和对策很难为地方的政治精英所采纳，因此，地方高校在扮演地方政府“智囊团”的角色上稍显力不从心。

2. 政策层面方面的问题

从政府方面来看，随着深化行政体制改革的推进，社会管理和公共服务的职能逐步得以完善，这促进了地方高校与区域经济的协调发展，比如，很多地方政府比较重视地方高校的发展，通过大力建设大学城，地方大学的硬件设施有所改善，甚至比一些国家直属院校的条件还优越。但是，也有相当多的地方政府对于如何依靠地方高校的人才和技术来提升区域经济和社会的发展竞争力考虑得并不多，更谈不上有系统的战略思路。具体说来，有关政府部门在整合社会资源、提供产学研公共服务、完善公共政策服务等方面整合力度不够，相互衔接的机制研究欠缺。

从制度上看，有关政府部门对高校知识产权的保护和管理制度还不健全，目前科技成果转化的法律法规需要进一步完善。高校聚集着众多优秀教师和学生，这里不仅是人才培养的摇篮，也是众多智力成果的发源地。

3. 区域内企业方面的问题

区域内企业对地方高校缺乏信任，合作较少。长期以来，地方高校的科研方向与区域内的支柱性企业之间缺乏沟通与合作。许多区域内的大型企业对地方普通高校社会服务能力持怀疑态度，对地方高校的社会服务状态不甚了解。尽管一些地方高校完全有条件和能力为这些企业提供发展所需的高素质人才以及服务，但是大多数企业还是选择了区域外的重点高校。同时，由于区域内的大型企业科研力量较强，很多公司都有自己的研发机构，这进一步减少了他们对地方高校科研的需求，即使他们需要一些社会服务，也很少考虑地方高校。

区域内中小企业对地方高校服务需求不足。在现阶段，许多中小企业的发展不容乐观，他们没有自主产品，更不用说有自主研发的能力，这些中小企业对地方高校提供的科研和社会服务需求很少，虽然其中有些中小企业对技术服务、人才服务、咨询服务等方面有需求，但是受经济条件和经济环境的制约，这种需求在很短的时间内难以转化为他们对于地方高校服务区域经济社会的实际需求。

第三章　地方高校服务社会经济的经验和启示

第一节　国外高校服务区域经济建设的经验和启示

高等教育机制体现了任何一个国家的经济制度，也是国家经济服务建设的动力。随着西方国家地方高校的教学、科学研究、服务社会的职能的不断健全，高校与地方社会的发展关系也变得日益紧密。所以，我国在制定高等教育体制过程中，非常有必要借鉴国外高校服务区域经济建设的成功案例，避免或少走弯路。近年来，国内部分沿海学校在地方高校服务社会区域经济方面取得了重大进展，积累了丰富的经验。在实际应用中，社会服务职能也得到更加充分的发展和提升。在建设区域经济时不断地巩固自身，使自身更加强大，其服务区域经济的成功经验可以分享给国内其他地方高校，促进其他地方的经济发展。

（一）欧美高校服务区域经济建设

中世纪时期，随着西方大学的成立，文艺复兴的结束，资本主义经济进入了迅速发展的真空时期。高校开始与周围区域的发展进行有机结合，从而走出服务于社会的经济发展建设道路。欧美的高校较早地建立了比较健全的法律法规和保障策略的机制，同时确立了科学、教学、服务三大职能。到 20 世纪中叶，经济发展得相当快，高校作为人才培养、知识灌溉、技能生产的基地，在欧美国家充分体现了社会经济建设、国家实力。

1. 美国高校服务区域经济建设的成功经验

美国明确将“直接为社会经济服务”视为高校“教学”和“科研”的三大职能之一。这种新型的产学研合作体系不仅创造了众多的高科技企业，而且培养了大量优秀的创新人才。1980—2001 年，美国大学创办了 3870 家企业，其中 2001 年仍在运行的有 2514 家。斯坦福大学及其周边高科技工业园区的“硅谷”就是一个典型案例。美国作为工业大学研究合作的典范，逐渐形成了科技园区、社区学院、营利性大学等多种模式。自 20 世纪以来，为了适应科技革命和经济社会发展的需要，美国高校以建立科学园、咨询推广科技、签订科技合同、建立校企合作研究中心、建立合资企业、开展继续教育和成人培训等为社会服务。

在美国高等教育体系结构中，各地方大学根据自身地位有不同的社会任务分工，例如，从成立一直到现在仍秉持着培养社会精英理念，侧重理论研究以及学术探索的哈佛大学和耶鲁大学等国际知名的研究型州立大学，以及从成立之初以地方经济为立足点，为地方培养各种急需人才，到后来随着发展步伐的加快开始提高教学质量，向哈佛等大学靠拢，逐渐走半精英式半大众化路线的密歇根理工大学和波特兰州立大学等。

当前，社区学院已经成为美国社会发展与经济建设的主要生力军和资源源泉，分布在各个州的各个角落。著名教育家克拉克曾说，社区学院是美国高等教育在 20 世纪时期伟大改革的重要产物。美国的社区学院有自己独特的办学特色，它根据地方社会的实际需求确定自己的教育模式，是社区人员能够享受终身教育的重要保障。它对每一个想要接受教育的人开放。社区学院的办学主旨是为社区提供教育和其他服务，这包括免费向社区居民开放图书馆、体育馆和其他娱乐设施；为社区居民提供技术服务和专业咨询；组织社区居民参加生活所需的技能培训；定期举办丰富多彩的社区活动，等等。

地方高校应将过去的被动服务模式变为主动服务模式，通过与企业的深度合作，共同设立科技产业园区，实现共同研究，合资办学，这样就可以直接将高校的科研成果应用于企业。美国第一个科技产业园区——硅谷是 1951 年由斯坦福大学牵头创立的。该研究园集科技与经济于一体，将高校科学研究成果转化为产业生产成品。在此之后，陆续出现了旧金山帕洛阿尔托、北卡三角园区和波士顿 128 公路等大型技术园区。这些技术园区的建立使高校服务社会的方式发生了质的变化，对美国产业结构调整、增强竞争力、提高就业率产生了重大影响。

从 1980 年开始，美国各地方高校积极组建各类社团，将社团下放到各地方，加深社团与地方之间的联系，借此来探索自身该如何与地方区域实现良性互动。

1989年，美国这一探索取得了成功，美国各州立大学陆续组建了社会与高校事务发展中心。此外，美国还建立了相关组织以加强地方高校、地方企业与地方政府之间的联系。地方高校通过为社会服务开始由“局外人”转变为“局内人”，不仅有利于自身的战略发展，还有利于成为区域经济建设的一部分。

美国高校教师不仅承担日常的教育工作，而且承担技术咨询服务任务，因为这与其最终的绩效评估直接挂钩，所以，高校教师咨询服务是高校最基本、最直接的社会服务体现之一。美国高校的咨询服务开始于20世纪初期，由一些州立大学牵头并快速发展起来。调查研究结果显示，美国高校中至少有三分之一的教师接受过不同情况的咨询活动。教师可以通过不同的咨询内容了解社区和地方面临的问题以及实际需求，这有助于教师调整自己的教学方向和研究课题，更好地服务社会；通过咨询服务，高校中的理论知识和研究技术便于融入实践中，充分发挥高校自身的优势来解决区域经济建设问题。

我国为了实现万众创业、大众创新的战略目标，也在不断地对高校教育进行创新改革，并且加强对学生创新能力的培养。我国高校应该从美国对学生的培养模式中汲取成功经验，在服务过程中，学生将所学知识与实际社会问题相结合，既提高了他们的社会适应性，又增强了他们的集体和团队合作能力。

另外，1989年，美国成人教育组织对美国过去两年的成人教育率选择1000个家庭进行了调查，调查结果显示，所调查的家庭中至少有一位家庭成员就读成人大学学位，且其年龄在25岁以上，这表明美国高度重视成人高等教育。正是这种对继续教育和终身教育的重视，美国社会快速转型为学习型社会，在此基础上更好地满足了区域经济建设的需求。

2. 加拿大高校服务区域经济建设的成功经验

加拿大高校定期、广泛、稳定地为区域经济服务。20世纪90年代以来，加拿大为引导各地方高校为区域经济建设服务，开始设立专项资金，同时减少其他项目资金。加拿大还鼓励各地方高校不断创新人才培养方法，为社会服务培养更多的适应性人才。地方高校和学院应该利用自身的资源优势，改变现有的教学模式，探索双赢甚至多赢模式，提升自身的科学研究水平，将理论研究转化为实际成果，从而对区域经济建设作出贡献。

合作教育模式是高等教育机构与企事业单位合作，对学生进行共同教育的模式。企事业单位参与这种模式可以快速地实现研究成果的转化，其实质是解决高校与社会对人才需求的矛盾。合作教育在北美逐渐普及，由英国、法国、加拿大等发达国家扩散到亚洲、非洲及其他各州。

这种联合当地企事业单位共同培养学生的模式，其前提是所培养的学生必须在年级较低时掌握相关的理论知识，在之后的学年中去联合企业带薪实习。高校在教学的同时还要依据自身的教学规律和特征，为高校学生进入地方企业创造就业机会，使学生在掌握理论知识后应用于实践中，在实践中再现高校的教学内容。截至目前，加拿大已经有3万余名大学生参加了这项活动，与之合作的企业涉及各行各业。

加拿大一些高校为学生提供了大量的社会实践的机会，如多伦多和滑铁卢等大学的自动化、平面设计、金融管理、护理等专业都在校外的合作企业中有工作车间，从以上培养模式中可以看出加拿大地方高校的教育模式是一种与企业合作培养的模式，在这种模式下，教师不仅需要传授学生相关理论知识，还要指导学生的实践活动；而学生也不是单纯地进行学习研究，还需要作为团队的一分子承担起属于自己的任务。

加拿大各地方高校为了方便与合作的企事业单位进行沟通，特此成立了“合作教育协会”和“合作教育中心”。比较典型的有阿尔昆冈学院，该学院规定所授课程必须设有对应的咨询委员会，委员会中的成员一般由合作单位的人员构成，它可以根据自身的发展需求为教师和课程管理人员提供教学建议。

近年来，加拿大大学的科研理念和实践发生了巨大变化。高校研究人员主动走出校园，寻求与企业的战略伙伴关系。一方面通过技术转移获得资金支持，另一方面主动与企业合作，培养当地需要的技术人才。

在合作教育模式下，学生往往被当作实习生，他们在企业中实践所学理论的同时带薪实习，学生与企业的关系短暂地变为被雇者与雇主的关系。这种模式下，学生有机会提前体验自己将来的工作环境，而企业也可以借此机会来评估和挑选适合自己的雇员。这种高校与企业合作教育学生的模式既可以增加企业的产能，还能使学生提前适应社会环境，可以说是一种互利共赢的教育模式。

高校是高新技术产业的聚集地，设备先进，信息交流便捷，科研力量雄厚。因此，世界上大多数高科技园区都位于大学附近。萨斯喀彻温大学设立的“创新科学园”拥有 96 家高科技公司和 1500 多名高科技员工。1995 年，该大学向萨斯喀彻温省缴纳了 1.52 亿多加元的税费。利用园区的区位优势开展科研合作，特别是边缘学科和跨学科领域的科研合作，这是高校的选择。

加拿大新斯科舍省为促高校科技成果的转化，保证从发明到商业化的快速进行，成立了新斯科舍创新公司。该公司财政由政府专项拨款，设有为企业和私人提供低收费甚至不收费的技术咨询部门。该公司针对院校研究人员和科研团队只懂发明不懂将发明转化为现实成果以服务社会的问题，以自身的专业知识和政府的优惠条件，促进高校发明的商业化。

3. 英国高校服务区域经济建设的成功经验

1985 年，英国发表的《20 世纪 90 年代英国高等教育发展》绿皮书指出，政府关注的主要问题仍然是如何使高等教育对改善国民经济作出更有效的贡献。在这一理念指导下，英国高等教育高度重视大学与工商业关系的发展，逐渐摒弃“轻商”的理念，重视地方与企业的关系。

剑桥大学在 20 世纪 60 年代就已经开始与地方科研机构和企业合作办学，广纳社会相关技术人员兼职大学教师，在社会服务方面取得了重大成果。20 世纪 70 年代，出现了以剑桥大学创立的科技园区为首的一大批科研公司，这种现象被称为“剑桥现象”。现如今，为了更好地与企业保持联系，“大学发明网络”应运而生。此外，政府的“种子基金”为高校与企业的合作提供了合作资金。

英国的开放大学和著名大学一样出名，它是欧美等发达国家不断摸索并总结出来的一种教育模式。该模式主要以远程教学为主，它的许多成功案例可以为我国的地方成人高校教育提供宝贵的经验。其本科学生的平均年龄为 33 岁，最小的为 9 岁，获得研究生学位的最小年龄为 17 岁。学习成长速度最快的青少年群体年龄为 18 ～ 24 岁。截至目前，开放大学的学生人数已经达到了 23 万（包括海外学生），在本国就读的残疾学生有 1 万多名。开放大学的教学模式开创了远程教学的先河，对我国地方高校成人教育具有重要指导意义。

开放大学的特点是学生不需要正式的录取资格，有很多选择。他们可以自由选择课程并累积学分；学习的方法多种多样，可通过收音机和电视、收音机和网络、音频和视频录制等渠道学习，为兼职和远程学习提供了很多机会。开放大学在继续教育和终身学习以及提高国民素质方面发挥重要作用。

将1992年提升为大学的地方院校和多学科技术院校统称为“新大学”。新大学与其所在地方具有深刻的联系，极具地方特色，最利于为地方社会服务提供支持。新大学的学生大部分来自经济条件有限的群体或弱势群体，他们极度渴望通过教育改变自身。大部分学生有自己的家庭，他们通常选择距离家近的地方，也就是我们所说的地方院校。新大学依托当地成立，很好地满足了这个要求，为提高地方人民素质和加强职业教育发挥了积极作用。

英国在高等教育方面有丰富且悠久的历史经验，受人文环境的影响，英国地方高校的校园文化在发展过程中逐渐形成了“校园自治和学术自由”的风格，这种宽松的教育风格促进了学生的发展，吸引了大批外国留学生及专家学者来校进行学术交流，被世界上许多国家的高校视为高等教育的典范。第二次世界大战后，英国逐渐提高了对高等教育的重视程度，认为其在今后的社会经济发展中将会起到至关重要的作用，所以，英国开始不遗余力地发展本国的高等教育，深入探索地方高校如何更好地为区域经济建设作出贡献，由此打开了高等教育通往新世界的大门。

（二）亚洲高校服务区域经济建设

在促进亚洲区域经济和社会服务发展方面，亚洲地方大学发挥着至关重要的作用。目前，亚洲许多地方大学的教学成果与区域社会发展的需求还存在差距。这是由于各地方办学理念不同以及各地高校、政府、企业三方机制不协调造成的。但不可否认的是，日本、韩国、新加坡等国家在这方面取得了重大突破和成就，值得我们借鉴。

1. 韩国高校服务区域经济建设的成功经验

20世纪80年代，韩国开始出现院校创业教育，经过不断的发展，韩国逐渐形成了以5所“创业研究生院”为中心的向全国辐射的创业教育基本体系。创业研究生院的教育模式主要与地方区域经济发展相结合，注重自身特色，实现创业教育专业发展和人才培养多元化。韩国各高校在传统教育思想和现代培养理念的共同影响下，开始向本土与国际化相结合的方向发展。

韩国借鉴美国的成功经验，在开设创业教育课程时注重与学生的创业相结合。开设的课程主要有：如何创业、如何把握创业机会、如何利用资源制订计划、如何加快融资。其中本科生的课程主要包括：创业方法与创业经验、建立新技术企业及其发展规划、投资及融资、把握创业机会等。此外还开设了企业经营与投资、投资风险分析、企业管理学等课程。这些课程的开设有利于学生把握全球形势，能够从客观的角度对提出的创业计划进行分析，从而使学生对创业计划的可行性和成功概率做出理性和正确的判断。

韩国高校的教学形式具有灵活性和个性。在培养区域经济建设人才方面，这两种形式相辅相成，发挥着积极作用。特别是创业教育，不仅大量开设创业课程，还为学校和企业建立了互动的创业教育网络生态系统。第一课堂的重点是培养学生的创业精神和教学创新理论与技能；第二课堂的重点是关注体验式教学和实践活动。由此可以看出，韩国地方高校通过创业教育深入实际，强调在实践中积累经验，达到进一步开发和激活社会资源的目的。

本校工作者、国外学者及企业家共同组成了韩国的创业教育学院。本校科研工作者不仅要教授创业课程的深厚理论知识，还必须具有丰富的实践经验。国外学者根据自身的创业实践来帮助学生了解国外的创业形势，加深对国外不同地区创业实践特点的理解。学院鼓励国内外资深企业家进入校园，分享自己的创业经验，积极参与创业教育教学工作。这种多元化的教学模式在丰富韩国院校创业教育内容的同时，还实现了创业教育的针对性和有效性。

2. 日本高校服务区域经济建设的成功经验

日本大学借鉴美国的“产学合作”经验，结合自身发展逐渐形成了“产学合作”模式。日本政府、地方企业和各地方高校以促进科技进步、加快经济发展为目标，建立起紧密的合作关系。20 世纪 60 年代，日本政府开始成立由政府管理的工业大学，采取了一系列有效措施促进政府产业大学合作，系统地明确了合作内容、资金负担和设备利用等制度。政府和行业不惜一切代价加强高等教育的教学和研究力量，配备世界一流的装备，并委托大学进行重要的基础研究，如空间科学、生命科学、核聚变研究等。在“产学合作”模式下，日本不仅积极推行产学研制度，而且建立了“政府、产业、学校”的科研体系。

日本开始实施“产学合作”模式之后，各地方高校每年都会由企业或集团拨出专款以支持其各种教学和研究工作。各财团积极鼓励并资助院校举办各种大型讲座，同时为优秀学生提供无息贷款。例如，丰田财团一年内的财政支持总额高达2.2亿日元，财政支持对象为研究生和进修生。此外，日本教育文化部还建立了统一管理社会对学校捐款的奖学金和赠款的专项制度，为防止资金滥用明确规定了赠款的接受对象及使用范围。

日本各界均视人才培养和人才交流为发展经济、振兴科技、促进文化发展的重要举措，所以，各界对人才培养和资源的开发都极为重视。

一是实行人员互聘制度。一方面，高校派遣教授、学者或企业主动邀请其到公司传授相关理论知识，挂名企业技术发展部门和技术咨询委员会，为企业发展遇到的科技难题提供解答；另一方面，高校从社会各行各业中聘请教师来校授课，设置专门的课程，邀请来自商界的科技人员进入大学课堂，这不仅可以减轻本校教师的教学压力，还可以使学生学到最新的知识跟上社会的发展。

二是为高校的实训提供场地。各大企业为实施“产学合作”模式的高校提供学生实习和培训岗位。学生可以从企业正在运行的项目中挑选自身感兴趣的项目，并在学习期间展开研究，丰富自身的知识储备，在假期选择适合自己的企业提前实习，为将来打好基础。

三是实施内地游学制度。一方面，日本实施优秀青年工人游学制度。除实施教育培训外，日本企业还安排技术人员、研发学者，特别是优秀的青年工人，每年到高校进修，并在学习期间承担学费、工资和奖金。另一方面，日本实施高校教师游学制度。日本教育文化部组织高校教师在国内高校、公司、企业和科研院所参加各种实践技能培训，提高教师的教学和科研能力。

3. 新加坡高校服务区域经济建设的成功经验

新加坡经济能够快速发展离不开政府对人力资源的大力开发，并由此培养出了一批世界顶尖人才。大学教育通过“发展培养”“终身学习培训与合作培训”“应用研究与项目开发联盟”“社区建设”“创新创业主题”“发展课程”六种方式和途径，与区域经济建设建立了良好的联系。

新加坡拥有700多平方千米的国土面积，400多万人口以及5所高职院校。新加坡的教育体系中以高等职业教育为主，在新加坡区域经济建设中占有重要地位。高等职业教育被新加坡政府列为国家发展战略，政府给予了大量资金支持，所以，高等职业教育在新加坡的教育体系中快速发展并占据主导地位。新加坡地方院校在德国教育制度的基础上结合自身特色形成了自己的教学模式——教学工厂。该模式培养的专业人才与地方的区域经济建设需求高度契合，极大地满足了社会服务的需求，为企业的科技研发提供了技术保障。

新加坡的经济发展战略由开始的单一转口贸易模式转变为多元化的经济发展模式。在转化过程中，高等职业院校为各岗位培养了专业技术型人才和高素质管理人才，为就业结构的调整和新经济结构的建立提供了配套人员。高等职业教育主动适应地方经济转型调整，为经济发展由单一转口贸易模式顺利平稳转变为多元化经济发展模式打下了坚实基础，在很大程度上满足了区域经济结构调整和新兴产业发展的需要。

20 世纪 80 年代以来，国际竞争日益激烈，新加坡开始加速技术升级，大力发展自动化和智能化技术。地方院校在此过程中起到了至关重要的作用。想要大力发展高科技产业，人才数量不再是关键指标，这要求工作者具备更高的职业素养和过硬的专业技术。所以，培养一批受过高等职业教育且具有专业技能的人才是企业的首要目标。高等职业教育应顺应需求把培养重点放在提升人才综合能力上，加快高质量高素质人才培养速度，扩大自身优势，吸引海外投资，加快产业升级改造。

企业要想在竞争中获得优势，人力资源是关键。加快人力资源潜力的发掘有利于提高企业生产率。人力资源的开发可以通过教育培训、政策激励、企业文化建设等方式实现。职业技术教育培训的对象是企业一线的工人和管理者，这可以直接有效地提高企业的劳动生产率。新加坡普遍重视职业技术教育，这大大提高了广大员工的素质。同时，公民的文明素质、就业技能和创新能力也得到了很大提高。

（三）国外高校相关案例的启示

分析上述各国多种多样的地方院校社会服务与区域经济建设模式，总结后可以看出各院校都已将社会服务作为主要办学内容。总的来说，国外各地方院校主要通过三点体现其区域经济建设服务职能：①高校的社会服务受到地方政府的重视；②服务内容多种多样；③规范化和实证化的高校社会服务组织。

1. 政府应积极协调高校和企业合作的利益关系

国家的行政分工决定了各地政府的总体规划，对解决区域分工与交叉管理起重要作用。但是各地区在进行区域教育发展策划时若缺少与其他部门的协调沟通，这是非常不明智的，应该完善管理体制，政府各部门积极参与，彼此配合协调。建立各级政府领导和党委领导整体负责、各自负责的责任制度，设立专门部门协调工作，成立完善的落实监督小组，共同加快地方高校教育向上发展。开放言路，积极听取社会各界的声音，共同解决高校教育发展中遇到的难题。建立专门协调高校教育的工作部门，全面调查确定各类高校的管理运行机制，实行分类评价和人性化管理。

2. 地方高校服务区域经济建设需要优化区域环境

地方高校应与地方区域发展应结合成一个整体，地方政府做区域经济发展整体规划时也要将高校的发展纳入其中，以城市规划、空间布局、重点项目建设为重点，坚持统筹推进、项目统筹规划、成果共享的理念。地方政府应与地方高校加强合作，在共享基础设施和专业知识时大力加强对人才的培养，实现教学、科研、产能一体化。地方政府在合作过程中对高校的教育进行动态调整，使高校教育模式、结构和教学规模适应地方经济的发展需求。地方政府协商鼓励各行各业领军企业和社会组织以及其他社会力量办学，打破传统的单一办学模式。全面利用高校自身的优势为地方区域经济发展与社会服务提供强有力的保障。

3. 地方高校应结合区域经济发展需要科学定位

地方各高校需要加强服务地方经济建设意识。“地方高校教育发展战略研究”实验团队就“高校服务社会的职能意识”问题对 20 所院校的教职工进行了实地研究，结果显示，20% 的人认为与自己无关，18% 的人认为条件不允许，12% 的人则认为自己能力不足，15% 的人认为困难驻足不前，35% 的人没有给出答案。因此，地方高校应树立市场化、开放化办学理念，把服务于地方的理念深化为师生经理人的意识，对教学模式进行改革，让企业参与到对学生的教育中，坚持以学生的综合发展和以人才为基础的办学理念。

从宏观方面来看，地方高校只有将学科设置与地方经济发展相结合，才能更合理地对自身资源进行分配，同样有利于更好地服务社会以及满足人民群众对教育多样化的需求。当前，我国地方高校普遍存在模式趋同、缺乏特色、目标不明确等问题。一些地方高校不考虑自身的实力盲目攀高，不顾自身文科、理科和工科的学校特性始终致力于将自身打造成为世界知名的综合性大学。尤其值得一提的是，一些专职院校为了将自身升格为本科院校，放弃了多年探索形成的以面向地方生产和社会实践为主要特征的办学特色，忽视了地方经济市场发展的需求和良好的发展环境。学校的教学重心由实践教育转为基础知识教育，变成了本科的“压缩饼干”。这与美国大学分类清晰、定位明确、发展有序的情况大相径庭。

我国地方高校要根据本地经济发展的现实需要对自身有一个清晰的定位，只有这样才能更好地服务地方区域经济，从而提升自己的实力。许多国内地方高校开设前沿课程，导致教学内容与实际情况脱节，缺乏实用性；一些高校只注重学校排名，不考虑地方发展。有学者分析发现国内各地方高校与外国高校相比，定位不清晰、特色不鲜明、模式单一。所以国内各地方高校应积极发掘自身特色，主动走上转型发展的道路，设置专业和课程时要结合地方经济发展的现实需求，时刻调整自身定位，向实用型方向转变。这就要求地方高校不仅要完善自身体系建设，实现教学、研究和社会服务的协调统一，还要加快科研产品的产业化，吸引企业加入高校创新中，借此培养一批优质人才，提高现实生产力。

4. 构建组织联盟共同提升服务区域经济能力

地方高校与区域经济发展之间需要一个机构使二者变为一个整体。国外高校在服务区域经济建设的同时形成了许多组织，并呈现出一体化的发展趋势。例如，由哈佛大学和麻省理工大学共同支持建设的波士顿 128 号高速公路科技园区以及斯坦福大学和加利福尼亚伯克利大学共同支持组建的加利福尼亚硅谷等。美国正是由于其在高科技知识方面的创新，经济才能保持持续良好的发展。换言之，如果没有美国高校为其提供技术支持，美国高科技技术达不到如今的高度，经济发展也不可持续。所以，组建组织联盟有益于集中优势力量，实现资源共享，为各高校相互合作提供基础平台。各地政府应大力搭建合作平台，为地方高校服务社会经济提供基础，积极推动地方高校与政府、企业等形成各种形式的信息技术合作联盟，构建相互交流、优势互补、利益共享的长期合作机制。

5. 结合区域社会经济发展需要，改革专业与课程结构

美国高校在社会服务的过程中，高度重视区域经济社会经济发展的实际需求。根据区域经济社会的发展改革学校的课程结构和专业设置，为本地社会发展提供适用性人才。许多美国高校根据社会需要设立了除传统学位以外的新兴专业学位，如演讲学士、家政学理学士等。我国地方高校在专业设置和课程结构上存

在许多不合理之处，一些学科和专业的设置完全脱离了社会发展的需求。地方高校应紧跟地方经济与社会发展的步伐，及时做出反应，对那些无法满足地方经济和社会发展的课程和专业进行适时调整，多开设一些市场发展需要和就业前景广阔的学科与专业。只有这样，地方高校才能优化自身教学结构，同时更好地为地方经济和社会发展提供服务。

6. 培养学生的创业精神和科研创新意识

美国高校的社会服务都很重视学生的实践，高校的教学活动，推动了学生专业上快速成长，但对于创新人才的培养，却收效甚微。而产业的发展和科学研究直接面对知识的更新和技术创新的实际，其中蕴含着教育的潜能。因此，我国地方高校需要在校企合作过程中，将学校的科研创新融入产业创新中。鼓励学生参与学校与企业合作的科研项目中，锻炼学生的实践能力，开拓学生的思维方式；允许高年级学生休学创业而为其保留学籍，以激发学生的创业意识；开设诸如发明创造之类的课程，等等。另外，为保证这些措施的顺利实施，地方高校应制定相配套的管理规章制度。

7. 设立挂靠于高校的信息中介服务机构

地方高校与地方经济可以通过信息中介服务机构产生联系。在市场经济中，科技中介除了能够提供需求和相关成果的信息，还能够提供包括法律、成果包装、知识产权保护和企业注册及运行等在内的一系列服务，是一项综合的系统工程。随着网络技术的迅猛发展，市场的发展对科技成果创新的需求日益强烈，也成为地方高校科学技术研究与创新的最直接动力。因此，地方高校在完成相关成果的研究后如何将这一成果进行快速、高效的转换以促进地方经济发展是一个至关重要的问题。我们从美国等国外高校服务社会的经验可以看出，在将高校的科研成果转化为实际生产力的过程中信息中介服务机构发挥至关重要的作用。挂靠高校设立信息中介服务机构可以在地方高校和企业之间架起相互沟通的桥梁，为地方高校的成果转化与企业技术瓶颈的突破提供信息服务，实现高校与企业的共同发展。

第二节　国内地方高校服务区域经济建设的经验和启示

我国地方高校的发展离不开区域经济的支持，同时区域经济的建设又需要地方高校输送可用人才，二者是相辅相成的关系。我国沿海各高校因为地区发展较快，地方政府投入力度大，发展环境较之内陆高校好得多。所以，沿海各高校在如何为区域经济建设作贡献方面有丰富的经验。

（一）国内地方高校服务区域经济建设的经验

1. 成为区域经济建设的人才培养储备库

高等教育具有传播文化、发展文化甚至创造文化的功能。随着社会经济文化的不断发展和知识经济时代的到来，高等教育在推动地方经济发展方面的作用越来越突出，通过培养专门的人才、推广先进的技术等方式使地区的产业结构得以提升，地方经济和社会得以发展。

首先，地方高校的存在和发展为区域的居民直接或间接地创造了接受教育的机会，向他们传达当代最先进的文化与理念，整合多元化的思想意识，培养他们的创新精神，促使他们掌握最新的技术，引导他们形成有利于区域发展的思维方式和价值体系，以此来引领社会前进。

其次，地区高校具有重要的社会教育功能。它不仅在校内大力弘扬民族精神，还通过对社会核心价值观的宣传，培养社会成员的道德意识、政治意识和法律意识，推动区域和谐社会的建设和发展。

最后，地方高校是区域社会新观点、新思想、新想法的发源地。地方高校对科学技术、人文科学一般有深刻研究，对区域经济社会各方面发展有前瞻性研究，这就使地方高校成为区域经济社会最具有创新意识、最活跃的文化力量。

随着区域经济的不断发展，企业从要求高校培养理论知识扎实、实践能力出众和综合素质过硬的应用型人才转变为要求高校培养具备创新思路和创业能力的创造型人才。例如，温州大学根据当地经济发展需要设立了国际贸易、市场营销、城市规划、土木工程、机械和自动化等相关专业。在授课内容方面，管理学主要侧重于如何保证区域经济健康向好发展；理工科教育结合当地实际大力开展智能制造、汽车行业、毛皮和软土地基等基础建设；针对欠缺型人才开设专门课程进行培养。该校还定期邀请行业资深经理人、企业创始人和先进工作者或工作团体进校举行讲座，分享自身成功经验，丰富学生们的社会经验，聘用具有深厚教育背景和理论研究知识的学者担任学校荣誉教授，参与学校的日常教育教学工作。该校注重与企业间的合作，将学生送到企业中去积累实践经验，为以后走上岗位打下坚实基础。为培养学生的创业热情，该校成立了创业教育学院，学院开设了大学生创新创业教育课程，并不定期组织学生体验相关活动。利用自身的优势资源打造了文化创意产业园、省示范创新实验区、设计创意中心、金色童话班、首届淘宝在线创业培训班等创业人才培养实践平台。

2. 成为区域产业转型升级的技术动力源

地方高校具有聚集各领域研究人才和技术创新成果的先天优势，扮演加快地方经济快速发展、产业转型升级的承担者。2006 年，国家科技会议明确指出要逐渐形成以企业为主体、产学研结合为突破口的技术创新体系，并发布了《国家中长期科技发展规划纲要（2006—2020 年）》。这是我国第一次将生产、教学、研究三者合一的思想提到国家战略高度。目前，各高校通过加快科研成果转化、加强企业合作、建设科技园区、成立创新创业中心等多种方式为地方区域提供支持，实现产学研快速融合。例如，山西大学适应区域产业发展的需要，加强科研成果转化，加强校企合作，深化产学研项目的对接。

首先，地方高校能够对传统产业进行改造。地方高校可以通过为企业提供新工艺、新管理模式和新材料来维持地方传统产业的特色与优势，同时通过技术改造、技术革新等方式为传统企业注入新的活力，推动地方传统企业实现技术上的更新换代。

其次，地方高校能够产生新的支柱产业。高新技术产业的形成离不开地方高校智力资源和技术资源的支持，地方高校通过吸引社会各界的资源，对其进行最优的配置后助力地方支柱产业的形成。高校是生产知识的重要场所，不断革新的新知识、新创造使支柱产业不断形成新优势，从而促进支柱产业的发展壮大。

3. 成为区域经济建设的多元服务站

地方高校不仅可以为区域开发人才资源、提供技术支持，还可以在社区咨询、文化传输、文化继承和资源共享等方面作出贡献。例如，南华大学为更好地对衡阳地方经济作出贡献，特别制订了为衡阳地方区域服务的行动计划。湖南工业大学积极对外开放各种馆藏资源和体育基础设施以及艺术中心等，利用自身资源不断深化地方扶持工作。中南林业科技大学广泛收集衡山的相关文献资料，利用自身科技优势建立衡山旅游指南，介绍衡山的山水风光，并联合当地林业资源部门建立衡山生物多样化数据资源库，为衡山的旅游开发和物种保护提供了信息支持。

（二）国内地方相关案例的启示

我国各地高校特别是发展迅速的沿海各高校，具有丰富的区域经济建设服务经验，为其他高校更好地服务区域经济建设指明了道路。

1. 政府应加强对地方高校的支持力度

第一，地方高校作为教育的主要实施者应该具有一定的自主权，地方政府应该尽可能多地将权力下放到各高校。地方高校只有摆脱了地方政府强加的条条框框，才能够有更大的空间和更多的权力探索高等教育的发展规律，并顺应市场经济发展趋势，调整自身教学方向，更好地服务区域经济建设。地方职能管理部门在对管辖高校进行定位和发展等大方向的调整时，要打破旧有观念，本着只把控大方向尽可能少地对具体细节进行干预的理念，使高校自发地激起对地方区域经济建设的热情。

第二，地方高校服务地方区域经济建设离不开健全的法律法规的保障。完善现有的文化保护法规，建立健康全面的法律体系，为文化的传播和发展保驾护航。这不仅有利于保护全体公民的相关权益，还有利于文化产业健康稳定的发展。

第三，高校的发展离不开财政的支持。地方高校要想更好地实现社会服务职能离不开资金的支持，各级政府应该加大对地方高校的专项资金的投入，以确保高校能够有足够的经费来完成日常教学活动和科学研究。

第四，政府应作为中间人促成高校与企业之间的合作。政府积极与企业沟通，了解企业的需求，建立人才需求网站，将信息及时反馈给各地高校，做好引导工作，为企业与高校的合作保驾护航，帮助地方高校更好地为区域经济建设出力，促进地方高校在区域经济建设中发挥应有的作用。

2. 企业应加强与地方高校的联系

首先，地方企业要抛弃传统的发展理念，树立合作共赢的思想。尽管企业在定位上倾向于获得更多利润，而地方高校更注重公众形象，谋求的是公益定位，但是二者都面临着自身生存和延续的问题。企业领导者认为高校培养的人才只会一些理论知识，严重缺乏实践经验；而高校则认为企业所使用的技术都是很成熟的，毫无研究价值，这种固有的观念限制了企业与高校之间的进一步合作。所以，企业与高校双方都应该改变固有观念，将眼光放得长远一些，双方努力进行深入的合作研究，推出多方合作平台，使高校进一步发挥所长为区域经济建设作出贡献，而企业在合作中也会有所收获。

其次，地方企业与地方高校以各种形式建立产学研联合机构。地方高校可以凭借自身的优势为企业提供技术与专业人才，而企业可以为地方高校提供各种社会资源和实际案例，二者应相辅相成，在科技研发、成果转换、人才咨询等方面加强合作。

3. 地方高校应积极提升自身社会服务能力

第一，地方高校应该加快传统观念的转变，形成以服务社会为中心的发展理念。地方高校要想更好地促进自身社会职能的发展，就必须更新观念，打破“等、靠、要”的懒惰思想，克服对困难的恐惧，树立开拓实践的精神，勇于决策、行动、创新。

第二，地方高校要根据自身特色合理定位。无论做什么事，只有了解它在整个体系中的位置才会达到事半功倍的效果。地方高校的定位既要从宏观上概括办学的指导思想、理念和策略，又要从办学规模、层次、形式、类型和范畴等方面做出方向性选择。它引领学校的整体工作，引领学校改革和发展的方向。国家人才培养要有一定的梯度和层次，不同类型和层次的高校要有不同的职能取向，大学应注重自身的独特优势。

第三，地方高校应该根据社会发展需要调整人才培养方式，培养出理论知识扎实、综合素质高、创新能力强、适应性强的人才。为社会经济建设与发展提供优秀之人，他们可以使区域人才结构面貌发生巨大变化，吸引更多人才参与区域经济建设。但是地方高校也不能随时调整自己的人才培养方式，这就要求其具备大局观，既不能一成不变，又不能盲目乱变，否则会对自身的发展产生不利影响，也容易滋生急功近利之风。

第四，地方高校要注重科研成果的商业化转变。要树立“紧跟市场，突出特色，以服务为目的，以就业为导向，走产教研结合互动之路”的理念。地方高校不能不注重特色和分工，走“大而全，小而专”的道路，应当全面发展；同时，各地方高校的发展不能完全走自己的路，应遵循科学发展观的基本原则。各地方高校之间要加强合作，发挥自身优势和资源，既要促进区域的经济建设，还要推动自身的教学和发展。

第五，建立健全高校服务体制，为高校服务社会提供健康的环境。地方高校为区域经济建设作贡献离不开健康的社会环境，这依赖于各地政府对权力机制、奖罚机制和动力机制的建立和完善。明确原动力，重新审视教育、科学研究与区域服务之间的关系，把握好社会效益和经济效益之间的平衡，对自身教育模式进行科学调整。地方高校管理者做管理工作时必须符合其潜在的规律。

4. 区域经济的发展和人才需求是地方高校发展的基本前提

就区域经济社会而言，地方高校的发展离不开地方财政和社会资本的大力支持。雄厚的区域经济实力能够为地方高校的发展提供强大的动力。随着区域经济的协调发展，地方政府及社会各界提供的资助逐步成为我国地方高校发展所需资金的重要来源。区域经济发展为地方高校发展提供的物质基础主要体现在政府对其的直接投资。没有地方政府的财政和政策支持，地方高校很难快速发展。

地方高校与所在区域的企业有密切合作的关系，这有助于地方高校发挥自身的技术和人才优势，加快科研成果转化率，提高人才使用效率，形成高校与企业互利合作、互利共赢的局面。地方高校在这一过程中所获得的技术研发和技术转让的收入，在一定程度上可以弥补地方政府财政拨款的不足。企业作为区域经济范围内的经济主体，其成长需要良好的“生态环境”。区域经济社会作为企业发展的大环境，关系企业健康文化的形成，以及企业的可持续成长。因此，区域经济社会内部是否和谐间接影响地方高校的生存与发展。

5. 区域经济发展决定地方高校的发展规模、速度和结构

高等教育的需求来源于个人需求和社会需求两方面。在诸多影响个人需求的因素中，经济因素起主要作用。如果社会经济发展处于低谷中，那么个人和社会对于高校的服务需求就会低迷；反之，当社会经济发展处于高峰之时，其发展规模就会不断扩大，速度也会加快。这时社会就会需求更多更高素质的人才，从而对高校的服务能力提出更高的要求。总之，在波浪式的前进中，高校与社会的需求相互促进、相互提升。不难发现，经济发展的需求层次和力度会影响个人接受高等教育的意愿以及社会对高等教育支持的力度，对于地方高校来说，尤其如此。

另外，高等教育发展的基础和高校的资源拥有量决定了高等教育能否提供良好的教育和服务。当高校拥有丰富的教育资源和良好的基础设施时，就为个人和社会提供充足、满意的教育和服务创造了重要条件。高校的教育资源主要包括硬件和软件。硬件就是高校的基础设施，如大学的校园环境、学生的学习和生活条件、楼堂馆所的现代化程度、信息化程度等；软件则主要指高校教师的整体素质、高校的文化和传统力量、高校的管理体制等。地方高校要想建立和维持高水准的教育资源，离不开雄厚的资本支持。从现实来看，地方高校的资金主要来源于政府财政收入的直接拨款和学生的学费。但是，这两类资金来源与地方经济发展程度和企业的经济效益有密切的联系。当区域经济发展水平较高，地方企业效益较好时，地方财政就宽裕，地方民众家庭会相对富裕，这就为地方高校发展提供了源源不断的资金支持。因此，可以说区域经济发展的程度和质量决定了地方高校能否提供良好的教育和服务，进而影响高等教育发展的规模和速度。

6. 区域经济的发展程度影响地方高校的结构和管理体制

高等教育的管理体制，根据办学资金来源可以划分为公立高校和民办高校；根据培养目标不同，可分为普通高校和高职院校。不同的管理权限和产权结构，形成了不同的地方院校管理体制。目前，地方高校的管理体制有两种典型形式。

（1）政府型。受传统体制的影响，地方政府投资创办的高校，或者从上级行政层次“下放”到地方的高校，往往出现管理体制“行政化”现象。在职能型或是事业型的“金字塔”式科层管理体制下，领导者和管理层就像政府机关一样具

有行政级别，划分行政职能，管理行政事务。

（2）董事会制。改革开放以后，一部分民营资本进入高等教育领域，一些大中型企业联合社会资本也参与了高校教育投资。高校投资来源的多元化，必然要求实行董事会制的管理模式，大大削弱了政府行政体制的影响。

但是，无论什么类型的高校，其结构和管理都会受区域社会和经济发展条件的制约。说到底，地方高校的管理体制取决于投资来源。经济发达地区的地方政府，如果重视高等教育投资，在地方高校的资金来源中占据主要位置，那么地方政府对地方高校就拥有较大的决策权，管理体制会出现“行政化”趋势。如果民间资本在高校资金来源中占据优势，则实行董事会制，弱化地方行政的影响。

第四章　地方高校服务社会经济研究理论

教育领域与经济发展之间存在密不可分的自然联系，同时教育也是影响后者发展的潜在因素，所以，以上问题同样可以视为实践问题。地方高校服务区域经济建设发展作为一种新的办学理念，需要有相关的理论作为支撑，这一崭新命题主要涉及增长理论、经济教育一体化理论、服务理论和融合嵌入理论等。

研究的定义和概念是通过见解方式形容研究本身所具有特点的特殊方式，通俗来讲，是将核心词汇展开讲解的一种行为。康德的观点是，所有的事务均需要一个明确概念进行定义，即使不能以偏概全，但也是十分重要的。从多年的经验来看，概念的形成普遍源于规则。地方高校、区域经济、人才培养、办学理念等高频词汇属于本研究的关键词，本研究拟采用对照、实证等一系列方法对上述关键词进行讲解、整理及分析。

第一节　地方高校服务社会的核心理论

（一）地方高校

地方高校的概念由来已久，我国目前的法规及文件对此尚无明确的表述和界定，但学术界对这一词的使用却有非常高的频率，只是表述时其内涵和外延参差不齐。地方高校，通常是指省、市、区及其教育主管部门所直属或直接管理的、用来从事高等教育教学的机构和场所。例如，双一流院校大多为部委直属，由中央机关统一管理。就归属地而言，地方高校与部委直属高校有显著区别，所以本研究提到的地方高校又称本科学校、本科院校、地方大学、应用型大学等，行政方面由教育行政主管部门直接监督，由省级或市级机关直接参与建设和管理，学校的经济收入主要来源于省级机关的财政拨款和社会资金。就地方高校而言，教书育人与科学研究和直属高校具有相同的属性，因其所属机关和位置不同，又具有地方特色属性。

1949 年至今，关于高等教育的形式有许多描述，高等教育管理分工在 1992 年后进行了部分调整，由各自分工逐渐转化为一体化管理，由直属国家部委逐渐下放至地方管理，也就是在这一阶段，地方高校的数量明显增加，初步形成了部分中央直属、部分地方高校的新办学格局。

有些科研学者的观点是，地方高校直属地方政府，是地方政府直接参与建设和管理的单位，其建设的核心目的是推动区域经济建设和发展，还有部分学者认为地方高校是直接建立在所属的地市，由所在区域直接参与管理和建设的学校，主要目的是为地方建设服务。另外，一些学者认为地方高校是由省、市、区各级政府经营和管理的普通高等院校，其主要目的是培养区域建设急需的应用型人才。

根据《中华人民共和国高等教育法》中的相关描述，地方高校是指由地方（省、市）政府管理，为本地区培养人才的高等学校，包括地方综合性大学、专业大学、高等职业院校。本研究中提到的地方高校，即由地方政府直属或直接由地方政府出资管理、经营和建设的普通本科院校，上述类别的高等院校主要培养适用于经济发展的人才，有服务区域经济建设的精确目标和准确定位，在我国高等教育体系中，具有特殊的意义和价值。在我国地方高校的发展和定位中，从类型领域来说，首先应该考虑建立以教育教学、教学研究为核心的目标高校；从建设目标领域来说，应该明确其建设目的是培养实用型人才，服务于区域经济建设，通俗地讲，就是要将地方高校与区域经济建设高度结合起来，使学校建设的主导思想与区域建设的需求有机融合起来，只有拥有明确的建设需求和建设定位，才可与区域经济互利互惠，最终实现双赢。

我国地方高校发展现状为：①发展规模逐步扩大。我国地方高校经过长期的努力，尤其是近几年的飞速发展，已经初见规模，在我国高等教育体系中占有重要地位。②层次逐步提升。近几年，随着高等教育总体的发展，地方高校的教育层次也得到了提升。教育部批准了一些地方的部分专科学校升级为本科学校，大大改善了本科学校薄弱的状况。一部分省属重点高校、国家重点高校拥有了博士授予权，而一些分布在地方的省属普通高校也获批了硕士学位授予权。与之前我国地方高校专科层次较多，本科层次只占有一定比例的状况形成了鲜明对比。③总体实力增强。我国地方各类高校的总体实力大幅增强。首先，地方各类高校的基建规模逐步扩大；其次，地方各类高校的招生数量不断扩大，相应地，人才培养能力也得到了加强；最后，地方各类高校的办学条件也得到了较大改善。④教育质量和办学效益不断提高。由于教育改革的深化以及办学条件的改善，地方各类高校的办学效益也得到了显著提高。首先，近年来，各省、市、区高校的科研成果总量中，地方高校所占的比重不断提高。其次，地方各类高校社会服务水平日益提高，地方高校辐射能力的不断增强，在本地区社会经济发展中发挥着至关重要的作用。最后，教学水平、人才培养水平得到提高。一些地方高校不仅为所在地区培养了大量的应用型人才，而且培养了一批在全省乃至全国范围内的优秀人才。⑤区域分布广泛。目前，我国绝大多数地市都有一所或多所专科院校，还有很多地方拥有一所或多所本科院校。此外，各地市还有各种各样的成人高等教育机构。⑥地市办高等教育的积极性提高。自改革开放以来，一些经济发达地区建立了高等职业技术学院以推进本地区的经济发展，个别地区依靠自己的力量创建了本市的大学。

（二）区域

区域也可以称为地区，本义是指土地的界限。一般情况下，将区域视为在物理学上占据一定空间的按某一特征来进行划分的单元。按照人文和自然的要素，区域又可划分为农业区、经济开发区、植被区、工业区、商业区、生态经济区和动物区等。

“区域”一词在不同的学科视角下有不同的理解和界定。地理学将区域视为地球表面的某一地理单元；经济学把区域视为经济上相对完整的经济单元；社会学将区域视为具有共同人类社会特征的聚集社区；政治学则将区域视为实施国家政策的行政管理单元。我国根据行政区将区域划分为西北、东北、华中、华东、华南、华北、西南等大区，大区下又设有省、市、县、镇、村等不同层次的区域类型；根据经济的发展特征，区域又可分为珠江三角洲经济区、长江三角洲经济区、经济实验区和经济特区等类型；根据地理位置，区域又分为东部区域、西部区域和中部区域。

经济区域的划分不仅要考虑总体利益和区域经济之间的关系，还应考虑地方经济在发展过程中体现的内在规律、专业化规模以及整体发展状况，注重的是区域经济发展的整体联系，如我国珠江三角洲经济区、长江三角洲经济区和环渤海经济带等。

（三）区域经济

区域经济是指在一定范围内，从事经济活动的内部与外部间产生的相互作用，最终形成的综合生产体。区域经济也可以理解为是一个综合性的地理定义，其在某种程度上与中心城市发展的程度有些许联系，同样是商品经济大环境下的产物。从实践角度来说，区域经济不失为一种高效但不平衡的经济模式，用来描述一定区域内生产经营活动和另一定义区域内的活动。

基于上述定义，要明确区域经济中的主体因素，首先要确定所定义区域的边界，因为边界直接影响所定义的区域范畴，不同地域或区域范畴内从事生产经营的活动主体存在一定差异。定义区域范畴通常有两种手段，一种是通过行政区域边界实现边界的确定，另一种是通过金融经济或商业行为的边缘进行划分。区域经济是地方高校生存、发展及建设的核心，在定义区域的生产生活领域，当地政府、社会和高校之间存在高度依赖的关系，而这种相互依赖的关系是受双向甚至多项影响的，只有合理地依靠区域内的资源、技术及土地等一系列优势，有序推进各方的依存关系，才能营造多方互利的区域经济利益。

综合考虑各方利益与所在区域的经济优势，结合各方发展的内在规律和特点，总结适用于所在区域的多方互利互惠，较有代表性的区域有长江三角洲经济区、珠江三角洲经济区等，仔细分析其内部有顺畅的经济联系，本研究主要针对地方高校与其所在的省、市、区各级区域间发展的联系。

综上，本研究涉及的区域是闭环的限定区域，具体指其地理区域内的省、市、城区和县（市）。严格地说，本研究讨论的“区域”不是指特定类型的区域，而是描述经济区域与行政区域间存在的地理概念。

本研究认为，区域经济社会既受外部因素的影响，又受内部因素的影响，并且遵循客观发展规律。区域经济发展的实质是提高劳动者素质，增加生产性科技含量，优化区域经济结构，加快科技成果转化，使主要劳动者具有先进性和开明意识，保持经济发展秩序的良性循环。

（四）服务

服务是指某一个体向另一个体提供的行为，或某一团体向另一团体提供的行为，或某一个体提供给团体以及某一团体提供给个体的行为。服务并不是指单纯的某一个体或某一团体的行为。地方高校的社会服务职能有狭义和广义之分。狭义上的社会服务职能是指地方高校在完成人才培养任务的基础上，充分发挥自身在教学、科研、知识和人才等方面的优势，直接为地方经济和社会提供服务，推动地方经济和社会的发展；广义上的社会服务职能是指地方高校作为一个完整的教学科研机构，为地方经济和社会发展作出的全部贡献。

地方高校应该具备主动服务社会的意识，在发展过程中紧密围绕地方特色，积极为地方经济和社会发展提供服务。当然，地方高校在为社会提供服务的同时加强了自身的服务职能，提高了服务意识，从中获得了推动自身发展的新动力。地方高校与地方社会通过服务完成了互动，地方高校为社会实践提供新型的科学技术与研究成果，同时社会也为地方高校提供了发展所需的各种资源。因此，社会服务的价值关系主客体双方，即高校为社会提供服务不仅社会从中受益，高校也会在服务过程中获益。

（五）服务区域经济

社会服务是地方高校被赋予的第三职能，而服务地方区域经济又是当下高校的时代使命。服务区域经济就是以提高学生就业、促进产业发展、满足企业需求为导向，以服务区域经济和社会发展为目标，以地方高校教育与社会经济的双向互动和可持续发展作为直接诉求的一种新型教育战略。

服务区域经济中的“服务”强调的是一种高校教育与社会经济之间的关系。地方高校在从外在指令型向内在需求型转变的过程中，其转型和发展必须适应市场，将立身之本确立为服务学生、服务社会、服务企业。地方高校的服务转型不仅是自身发展的需求，也是地方经济和社会发展对地方高校的要求。地方高校的教育具有浓厚的区域特色，它与地方区域经济有千丝万缕的联系。服务区域对地方高校而言，是一项集地缘、情感、特色、优势于一体的系统工程。

（六）社会服务

社会服务是高校所具有的标志性职能之一，从广义上来讲，是描述高校为典型的学术组织，按照国家办学宗旨和目标运营时，根据自身的职能、能力和资源对社会作出的一切贡献。高校可持续生存和发展的根本原因是它们满足了服务社会经济建设和发展的需要。高等教育作为社会的一个子系统，应遵循客观规律，努力适应学生的身心健康发展，积极适应社会、经济、人文和科技的发展，重点发挥服务作用。从狭义的角度分析，高等学校服务社会是描述在保证人才培养、教学研究、文化传承和创新等活动正常运行的前提下，依靠高校资源向社会输送人才、科技、知识，具有社会定位、现实性、学术性、服务性等基本特征。

目前，高等学校服务区域经济建设概念主要有两种观点：一种观点认为高等学校服务区域经济建设是以人才培养和科学研究为主线，服务的方式作为二者的延伸，利用高校的人才和设施优势，共同为社会服务。另一种观点认为高校服务区域建设应该围绕人才和设施展开，服务区域经济应建立在主线的延伸方向。

张琳（2007）在《地方高校社会服务问题研究》一文中指出，社会服务包括人才培养和社会科学研究。杨琛（2007）在《新建本科院校社会服务状况及对策研究》中和缪顾根（2008）在《大学的定位及社会服务职能探究》中认为，高校社会服务是为社会提供的学术服务。眭依凡教授（2008）在《我国高校社会服务30年发展实践研究》一文中，进一步提出高校社会服务是依靠高校的教学和研究功能来实现的。三者之间很难有一个彻底的、绝对的区分，因此，我们不能有意地将高校的社会服务职能与其他职能进行绝对区分。然而，一些研究人员认为，大学的社会服务是教学和研究活动以外的独立活动。本研究认为，高校社会服务不是一种与高校教学科研职能分离的独立行为，而是一种通过高校人才培养（教学）和科研发挥的功能。

本研究从狭义的概念出发探讨高校的社会服务问题。从事高等专业知识传承和创新、高素质应用型人才培养的高校已成为知识经济时代社会的绝对核心。社会服务是高等学校应当肩负的历史责任和重要使命，同样是实现高等学校可持续发展的必然需要，高等学校不断通过社会服务领域，提高服务能力，丰富实践经验，加强学校与企业的校办合作，联合科研等，为社会提供高素质人才。

（七）其他相关理论

1. 协同理论

协同论是德国著名教授赫尔曼·哈肯提出的，他发现，在探索激光和其他非平衡系统的过程中，当各种系统从无序变为有序时，它们具有普通律。协同论认为，世界上有成千上万种不同的开放系统，它们似乎形成了自己的系统。但当系统与外部环境交换能量时，系统的内部元素在时间、空间和功能上自发出现，形成了交互状态。协同论适用于自然科学。当科学研究趋于交叉和整合学科时，使用协同思维来分析复杂系统的研究方法和范式逐渐应用于社会科学领域。在社会系统中，由于影响因素的作用，各子系统可以形成一个相关的整体。系统内各要素之间的适应和协调，可以实现空间、时间和功能的平衡。

协同论的主要研究内容是利用各因素之间的相互作用，保持整个系统的合理有序运行，促进事物由旧结构向新结构转变。研究对象需要具备五个条件：复杂性、开放性、非线性、远离平衡的系统、随机波动。其原则主要从以下三个角度考虑：①协同效应。协同效应通常指在单个复杂而开放的系统中，通过附属系统各要素之间的协调和适应而获得的整体效应。在外力影响下，当任何复杂的发达系统达到聚集状态时，系统将产生内部驱动，促使其形成具有一定规律的结构，将原有的杂乱归纳为有序，这种形式被称为协同效应。②伺服原理。协同论认为，在系统演化过程中，不同参数的变化程度是快变或慢变，而慢变量即序参量的变化缓慢。它控制子系统的行为，控制系统的开发过程，这是系统质量变化的显著标志。一般来说，伺服原理的核心定义是以慢变量实现快变量的操作，当系统达到运行的临界点时，其他变量的操作将以参数为主。序参量控制系统的发展和演变。正如哈肯所说，顺序参数控制具有“雪崩”潜力的系统的演变。③自组织原则。自组织的力量来自系统内部。在系统自身的规则和系统的基础上，内部子系统充分发挥自身的主观性，相互协作，自觉主动地形成自组织的结构或功能，驱动系统达到一种新的自强、自足的有序状态。

2. 共生理论

共生理论一直参与生物、教育、管理等学科的研究。根据共生理论发展的历程和理论需求，可归纳和总结出两方面：①生物领域的共生理论。德国生物学家德贝里在描述地衣中某些藻类与真菌的关系时提出了“共生”一词。后来，生物学家继续研究并逐渐形成了共生理论。共生的概念被解释为两个或两个以上生物之间的相互关联关系，这是生物群落所公认的，即不同物种共同生活形成的相互依存和互利的关系。共生概念认识到生物之间的相互关系，强调以互利的方式促进共同成长，为处理人类社会中的人与人之间、组织与组织之间的关系提供了一种新途径。共生理论的应用从此由生物领域延伸至社会科学领域。② 20 世纪后期，共生理论的研究已从原有逐渐扩展至生态、经济及社会人文等方面。日本学者对共生的理解集中在尊重异质性上，有助于建立民主社会，实现不同利益集团之间的共赢和共同繁荣。他们认为“异质”是生存过程中的前提。正是由于价值观、规范、目标和其他方面的差异，才能建立更加“共存”的关系。中国学者胡守军教授认为，共生是人类生存的基本途径，社会进步就是改善人与人之间的共生关系。所谓共生，是指异质对象之间的和谐共存，其实质是协同合作发展。

地方高校与区域经济是一种共生关系，教育工作者应关注“共生教育”的建设。高等教育应追求与外部社会环境的互利共生，在共生过程中尊重高等教育自身的发展规律。高等教育体系的发展与社会经济的健康发展形成共生体系。地方高校与区域经济社会实现互利共赢是必然趋势。一方面，地方高校为区域经济社会发展服务；另一方面，区域经济支撑地方高校的发展。

3. 内生经济增长理论

外溢效应来自人为资本投资的影响，内生经济增长理论的代表人物主要是舒尔茨和卢卡斯。舒尔茨认为，在经济增长理论中，较为核心的是投资收益率，人为的资本可以产生递增的收益，所以，人力资本投资直接决定经济增长的速率，是关键的投资变量，但是他未提出以人力资本为核心的增长模型。卢卡斯将人力资本引入经济增长的模型，强调人力资本的内生化和溢出的典型效应，他认为溢出效应大多来自人力资本的投资影响。卢卡斯不仅认为专业人力资本的积累是经济增长的真正来源，还提出了增加专业人力资本的途径。

内生经济增长的理论主要认为：经济的增长主要取决于技术的进步，罗默等人提出的内生经济增长理论主要认为经济增长与人力资本水平相互依赖，即人力资本水平越高，其所带来的经济增长率便越强。人力资本产生重要的规模化效应，而经济增长产生递增的收益，将二者有机结合既可以形成递增的收入，还可基于资本的投入产生更多收入，最终达到促进经济增收的目的。该理论还阐述知识的积累与经济增长之间存在高度的共生关系，即彼此间是相互依赖的关系。从知识积累角度来说，物体转换为技术最终实现知识的积累，这主要体现在劳动者之间，内生经济增长理论的关键核心是技术进步高度影响经济的增长趋势。

增设教育机构，使内生增长的概率得到有效提升。它打破了人力资本总量主要由外生因素给出的假设理论。当经济增长速率达到最优且增长数值较为均衡时，发展中国家对教育的相关投入应该稍高于发达国家。内生经济增长理论代表人物在基本假设差异的基础上建立了其他经济增长模型，着重研究了可实现技术进步的各种相关机制和考察技术进步的表现形式。其中主要包含内生技术进步增长模型、人力资本积累增长模型、劳动分工演进增长模型和制度变迁经济增长模型。这四种经济增长模型中，内生技术进步增长模型和人力资本积累增长模型是现代经济增长理论的重要组成部分。

4. 教育经济一体化理论

人力资本教育经济一体化理论，是指人们通过教育掌握各种知识、技能的总体，同时获得可以改变自身的工资体系、劳动力大小的能力，而人力资本论则是教育使人们的生产力提高，进而实现劳动生产率的提高，增加自身收入，进一步实现社会、国家的经济增长。学生可以通过将课堂学到的理论知识应用于实践中，然后将实践中理论知识解决不了的问题、难点带回到课堂，促进自己在学习中深刻思考问题。在科技力量不断发达的今天，教育提供知识和技能可以体现在区域经济建设中。高校与企业的合作体现在教育和经济的相关性方面。在我国，合作性质的教育主要体现在地方高校和企业的合作中，而且学校和企业联合培养的人才越来越受到社会各界人士、国家相关部门的关注。“三螺旋模型”指的是政府、企业、高校在进行创新活动时的密切合作和三者之间的互动，但同时保持其独立身份和重叠角色以及发挥自身相应功能的模型。当一个人的知识积累到一定程度时，将溢出的投入实际的生产中，进而实现知识资本化。趋同空间是政府、大学和行业三者通过分析、规划调整以及进行其他活动达成的共识。其目的是使凡是参加的共同利用可用资源、协同实现战略目标。创新空间则主要依赖于大学、政府、企业三者之间的互动。其目的是开创具有创新活动的空间。大部分新兴组织都是在创新空间的基础上创建的。三螺旋理论是利用社会学的方式分析研究创新，并不是以传统的经济方式研究创新。埃茨科威兹认为，大学、企业、政府三者之间互动的三重螺旋模式是组成创新的黏合剂，在如此模式下，各参与机构在发挥作用的同时还可以保留其传统的角色和自身的独特身份。

所有国家的教育制度及理念都是经济社会特征的有效缩写，均是为区域经济发展服务的基础和必要条件。由于高等教育学校所具有的教育特征，以及极强的资源条件、设施条件和人员条件等，当今社会对高等教育的需求不断提升，现阶段，世界各领域对于科技和人才的需求均是历史最高点，因为教育与经济的产出比是无法在短期内用效益来衡量的，现今社会对于教育与经济的依赖程度日益提高。

教育与经济一体化是全球经济一体化大环境下的产物，教育事业的发展无时无刻不面临着新的机遇和挑战，针对高等学校而言，只有基于教育经济一体化理论建立有效的服务型体系，积极开展服务与实践间的融合与探索，才能更加适应经济社会对科技和人才的必然需求。

5. 嵌入性理论

从字面来理解，“嵌入”指的是某物嵌入其他事物中。它假设事物之间存在裂缝，而这种间隙是可以弥补的。本研究讲的嵌入是指事物间的联系程度和相关性。制度经济学领域主要讨论了制度的诞生、发源、变迁以及最终形成的相互关系，但相关的理论中不包含具体的经济发展状态和该时代的社会环境，上述理论着重关注系统性的观点和定义，更注重研究事物的本质特性，而忽视了事物与环境背景间存在的相关联系，所以制度经济学无法在理论中找到合适的出路，而嵌入理论通过改良，提供了进步与修正的机会。

嵌入理论主要具有三个特点：①经济行为是社会程序或社会运行模式产生的必然结果，经济运行的标准和制度的建设高度依赖社会体制和运行机制，在上述运行模式下，势必出现一种全新的结构，新结构需要具有一定的社会功能，从而激励其产生相关的价值、政治激励条件和一系列框架规范，正是密切相关的过程导致一系列经济行为的制度化，与此同时经济行为也必然会融入社会经济制度及相关非经济制度中。②人际互动是社会服务网络中嵌入经济的重要组成部分。学者格兰诺维特从新经济社会学的角度分析了经济行为的独立性。他认为，人类所从事的相关经济行为是众多社会形式中的一种，特定的具有规范的经济制度是社会的重要组成部分。格兰诺维特认为，社会结构的核心同样是社会生活的网络联结，相互信任是社会网络中嵌入的关键核心机制，从原则定义角度讲，人们进行的经济活动中，是因为被划定至特定的网络内，从而相互信任。在此基础上，我们可以进行有效的互动。“互动”和“关系网络”信息传输是格兰诺维特关注的焦点。③多维探索丰富和拓展了嵌入式理论。格兰诺维特的研究主要集中在经济行为与社会的嵌入关系上，但去除经济行为的其他行为仍然会嵌入社会关系的集合中，基于以上理论，在格兰诺维特之后的学者继续深入地研究并努力探索，最终使嵌入性理论得到了多样扩展的机会。之后的研究学者较为明确地认为，嵌入理论同样可分类对其他问题进行分析，最终形成一套解决问题的方法，基于此理论可解释许多不可定义的社会行为。

6. 教育外部关系规律理论

该理论主要有三种观点：第一，教育通常包括教育外部关系规律和教育内部关系规律。教育外部关系规律指的是教育与社会的关系规律，教育内部关系规律则是指高校自身的规律。教育外部关系规律是相对于教育内部关系规律而言的，通俗来讲，教育外部关系规律表达的是高校教育必须与社会发展相适应，包括两方面意义：一是高校的教育必然会受到社会政治、经济和文化的制约；二是高校的教育必须为社会的政治、经济和文化提供相适应的服务。第二，高校教育与社会的政治、经济和文化存在直接的、密切的联系。地方高校教育的区域化可以使高校更好地适应日益完善的社会主义市场经济，正确把握地方政治、经济和文化的变化规律并及时做出反应，满足地方经济和社会发展的需求，同时有助于地方高校对自身运行机制、资源分配、管理体制、课程设置等进行深入改革。第三，对一所地方高校而言，它不仅要研究国家经济政策的调整，与自身优势技术相匹配的技术市场的变化，与自身专业及课程设置相关联的行业经济的变化，更要研究如何与自身周边关系特别是社会关系、政府关系和媒介关系的处理。地方高校主动为地方经济和社会发展提供服务是遵循教育外部关系规律，主动适应区域经济发展的具体表现。可以说，地方经济和社会的发展程度与地方高校具有十分密切的、直接的利益关系。

7. 教育成本分担理论

该理论是以教育经济学中的有关投资利益共享和成本分担理论为支撑点的。该理论有两条主要原则：一是受益原则，即教育成本应该由教育的受益者来承担；二是能力原则，即承担教育投资的人必然是占有国民收入的人。我国高校按管理体制的不同可以分为中央直属院校和地方院校。地方院校培养出来的人才大多会进入地方的相关工作岗位，同时这些院校还在新产品开发、科学技术研究、管理就业以及决策咨询等方面做出了巨大贡献，带动了当地文化、科技、经济的发展，为地方的现代化建设提供了服务。与中央相比，地方是地方高校发展的最大受益者。因此，根据受益原则，地方应该给予地方高校更多的支持，将地方高校纳入地方经济计划，但不应进行过度的干预和管理。

8. 非均衡发展理论

该理论认为高等教育的发展并不是均匀和平衡的，它往往表现为突进和渐进两种方式。我们通常所说的渐进发展，是指在某些历史时期，某些国家或地区的高等教育发生变化时仅仅是局部或者数量上的增减；而突进式发展则是指在某些历史时期，某些国家或地区的高等教育发生变化时不仅体现在数量上的增减，其本质也会发生一定改变。一般情况下，高等教育的发展是渐进式的，当渐进的发展积累到一定程度时，就会引发全面的、质的变革，进而实现高等教育在结构和功能上的重大变革。非均衡发展理论向我们展示了由于各地生产力和经济产业结构不同，最终导致高等教育区域结构的不同和不均衡性，因此，高等教育发展过程中不能盲目地追求教育资源的均衡分布和平衡发展，而应该根据不同时期各地经济的实际情况，对教育资源进行合理分配与调整，使有限的教育资源发挥出最大效益，以此促进地方经济的长效发展，实现高等教育的有效增长。

9. 第三职能理论

地方高校的职能经历了由培养专门人才到以科研、教学为中心再到将科研、教学、生产三者相结合，逐步为社会提供服务的变化过程。近代大学在成立之初便具有培养人才的职能，所以通常将培养人才视为大学的第一职能，随着高校的不断发展，科学研究逐渐成为高校的第二职能，社会服务成为高校的第三职能。地方高校的职能是随其发展而不断产生的。第三职能是高校在参与地方经济发展，带动地方产业转型升级过程中逐渐出现和迅速发展的，它的出现表明地方高校与地方经济和社会发展的关系越来越紧密。第三职能理论说明高校为地方经济和社会发展服务是区域经济发展的必然结果，也是高校自身职能扩展的必然要求。

10. 全息结构理论

全息结构是由精神再生产、自然再生产、物质再生产、人力再生产四个相互联系又相互制约的子系统组成的“四位一体”的空间网络结构。其主要特征为任意一个子系统中内部结构的特征都在宏观的大系统中得以反映。我们将精神生产、物质生产和人力生产这三个子系统归为日常的经济活动，是人类一切活动的基础。从事技术和知识生产的科技活动是精神生产中一个重要方面，它不仅可以为经济发展提供智力和技术支撑，还可以为教学活动提供新的技术手段和教学内容；人力生产的一个重要环节是教育活动，教育活动可以为经济发展提供高素质的专业技术人才，也可以为科技活动提供智力和人力支持。在整个人类社会发展过程中，经济、教育、科技三者相互配合，具有同等重要的地位，同样具备全息结构的基本特征，在任一国家、任一地区和城市不同层次级别的系统中均存在这三个系统。

11. 教育方针理论

我国社会主义教育的方针是教育与劳动生产相结合，同时也是我国教育的基本内容。它包括两个方面：一是教育与生产相结合，二是教育与劳动相结合。前者是后者的目的和层次，而后者是前者的途径和方面。教育与生产相结合要求教育的发展必须与国家经济发展相适应；教育与劳动相结合则要求高校应该适时地组织学生进行劳动实践。随着我国社会主义市场经济的逐步完善，经济发展呈现出区域化特征，这就要求高等教育必须摸索出一条能够适应我国和区域经济发展的新道路。而高等教育区域就是其本身发展所能实现的合理途径。

第二节　地方高校服务社会的基础理念

进入 21 世纪以来，我国高校发展迎来新动力，逐步进入大众化、大跨步的发展阶段。基于上述背景，地方高校应着力于以服务区域经济建设为核心的办学理念，显著突出地方特色属性，着重突出应用特性和服务特性。地方高校突出服务区域经济建设的理念是核心的建设方向，同样是影响地方高校快速发展的核心途径，更是实现高等教育多元化的必然导向。在此大环境下，地方高校应具有发展意识，逐渐增强高校服务区域经济意识，改革原有的教育教学和人才培养方法，加强教育结构及经济结构间的纽带关系，努力加快新的、特色的学科建设，实现地方高校与区域经济协同发展的良性循环。

（一）地方高校与区域经济发展关系的轨迹

高等教育的多个发展时期均带有特定的时代特征，而地方高校的发展与进步伴随区域经济社会的发展，社会发展涌现出的人才需求无疑与高校的发展形成良好的结合点，在高校漫长的发展历史中，其办学理念和发展方向始终以具体的问题导向为指导思想，而社会的发展、经济的进步以及文化的传承均与高校的办学理念息息相关，上述理念自 9 ～ 13 世纪起源，在经济繁荣阶段不断发展，在中世纪的欧洲最终形成，较有代表性的高校有英国的牛津大学和剑桥大学、意大利的博洛尼亚大学和法国的巴黎大学等。它们均是在社会发展的强力需要下应运而生的，是欧洲最古老的几所大学，也是培养应用型本科生的知名大学。

进入 14 世纪之后，高等学校在多方制度和权力的冲突中扮演着越发关键的角色，在此之后，德国的虔敬派向大学传统发起了挑战，弘扬科学的理性的主要精神，强调独立思考的原则。尽管如此，上述时期的高校的主要任务是进行纯粹的基础理论研究，但仍然是与社会相去较远的“象牙塔”。

地方高校的发展一直是英国在不同时期壮大大学规模的主要途径。根据文献记载，英国是世界上第一个将办学目标确定为服务于当地的国家。在实践中，英国的高等学校与所在地的经济建设直接挂钩，自 16 世纪末期以来，资本主义的出现和快速发展成为该时期的主要特点，得益于地理位置优越且成长快速，其经济已步入世界强国行列。以社会快速发展、人才高速需求为背景，新兴力量逐渐打破原有概念的束缚，建立起适用于新形势下的实用型高校。自 19 世以来，英国的新大学运动开始萌芽实际教育思想，逐渐启动高等教育的改革模式来适应日新月异的社会进步和地方经济发展需要，针对相关产业的快速发展，积极为地方工业提供科技服务，在政府的资助下发展成为新的高等教育模式。

高等学校服务社会职能的建立可追溯至19世纪后期的美国，之后被大多数人知悉和认可，当时的美国高等学校从社会发展的现实出发，从法律角度确立高校土地的合法地位，并在同一时期明确将社会服务作为高等学校的重要职能，这同样促使美国成为高等学校服务社会的思想的建立者。1862年，时任美国总统林肯批准了《莫雷尔法案》，该法案为美国地方高校的发展提供了空前的动力，根据史料统计，1862—1922年，美国共建立了近70所地方高校，其中较有代表性的威斯康星大学明确将公共社会服务作为其第三关键职能。美国记者斯特文斯曾说，在威斯康星州范围内，威斯康星大学与农民的生产生活息息相关。大学内的实验室被视为培养熟练技工的关键部分。国内学者对此同样予以很高的评价。当研究型大学赶超一流水平时，威斯康星大学与众多国立大学和社区学院一起为地方经济社会发展服务，将满足地方经济社会发展需求与自身的生存和发展联系起来，它们虽然没有成为世界一流的大学，但是其办学理念清晰，办学定位准确，从而得到了社会的高度尊重。由此，地方高校为地方经济服务的理念最终确立。

20世纪90年代至今，以美国为首的高等学校一直将服务区域经济作为主要的发展方向，同样也将服务区域发展作为其主要的存在价值，美国马萨诸塞州在2003年发布新闻，主要内容为波士顿的区域服务数据，新闻表明波士顿的8所研究型高等院校可贡献接近75亿美元/年，并且可容纳约4万9千当地人就业，提供约3.7万个工作岗位，每年为政府提供税收1000万美元。在人才方面，波士顿的高校每年可为所在地提供约3.2万名优质人才；在教育方面，该校每年可以培养约2.5万人次进行再教育。有研究者对以上数据进行分析，预测进入21世纪后，高等院校在社会中的存在意义将显著提高，成为社会经济发展的主要影响因素。其他学者提出了关于二次学术革命的观点，许多学者将经济发展与高等学校直接挂钩，它们之间相互依赖，相互依存，优于地方高校与区域经济发展的高度融合，符合当今社会经济为主导的发展理念，近年来二者迅速融合，引发全世界对相关领域的强烈关注。

法国的高等教育体系由高校和非高校两个部分组成。法国1984年发布的《高等教育法》将相关的职业精神设定为高等教育的总体目标之一，同时对高校与社会企业之间的合作做出要求，要求二者加强合作关系和对外开放的力度。德国的高等教育包括高等院校、高等技术院校。其中高等技术院校以职业教育为宗旨培养学生。德国1985年出台的《高等教育法》规定高校必须参加地方举办的经济建设活动，努力促进地方经济发展。荷兰的高等教育包括高等教育和高等职业教育两类。从古至今，国外的高等教育在服务社会方面的历史源远流长。从“威斯康星计划”执行以来，越来越多的大学认可“州立大学服务于州人民”的说法。尤其是成立于19世纪的柏林大学将教学、科学研究和服务周边社会三者构成高等教育的三大社会功能，在不同国家的政治、经济、文化和教育中起着越来越重要的作用。

总之，高校的职能并不是一成不变的。高校的职能从单方面的教学转向教育、科学研究齐头发展，从而进一步提出高校的第三职能。随着社会的不断发展，高等院校也发生各种变化，这种变化一方面体现了高校的办学宗旨、高校功能的演化，另一方面体现了高校办学理念的调整和创新。19世纪以来，为有效解决高校服务地方社会经济的中心任务，英国和美国发动具有史诗级意义的高等教育革命为世界上其他国家的高等教育服务区域经济建设奠定了基础，提供了全新的发展方向。如此一来，高等教育的服务社会经济的功能得到了显著的提高，世界高等教育也进入了一个新的阶段。

20世纪以来，高校与地方社会的经济、文化等的快速发展，使部分高校成为当地的品牌学校，获得当地人民的广泛认可和赞许。高校在不断发展的同时，其周围的地方、城市的口碑也得到极大提高。总的来说，高校是依靠地方、城市的发展而正常运转的，而地方、城市的经济、文化等方面的建设又推动高校发展。

近年来，随着我国高等教育体制改革的不断深入，依照“合作、共建、合并、调整”的指导方针，我国逐渐形成了“以地方为主，中央和地方共建”的管理体制。在改革过程中，许多原来隶属于部委的院校被划规地方，使地方高校的数量大幅增加。地方高校在高等教育中发挥着中流砥柱的作用，构成了中国高等教育体系的主体部分。由于地方高校能够主动适应当地的经济、社会发展需求，在学科、专业等方面设置灵活，所以地方高校的发展水平在一定程度上决定我国高等教育事业发展的整体水平，也可以影响高等教育向大众化转变的速度和质量。我国高等教育要实现全面充分的发展，就应当具有统筹战略的眼光。地方高校的参与可以使高等教育大众化、普及化的目标向更高水平发展，有利于建立一个学习型社会。地方高校在区域经济发展中的角色愈加重要，这是由于人才资源的存量成为当下区域之间最激烈的竞争，地方高校又肩负着高素质专业人才培养和知识创新的重任。

地方高校尤其是本科院校成为本地区智力的最高点，聚集了本地区的高学历和高职称人才，是地方的最高学府。地方高校在地方经济发展的总格局中占有重要地位，是本地区行政级别最高、规模最大、资产最丰富、智力和人才最密集的知识产业集团。地方高校对地方的经济、政治和文化教育的全面提升和发展起到了推动作用。

（二）教育与区域经济的发展与变革

从秦汉时期到清朝中叶，大学的教育范围包括书院、家学、太学以及中央专科学校。其中书院培养研究型人才，类似于现在的学术型人才；家学指的是私教给学生上课，主要传授学生经学、文化艺术；太学则培养国家的官史差吏；专科学校教授学生科技、法律、艺术等。太学、中央学校相当于现在的国立大学，书院和家学是地方办学的一种形式，是现在地方高校的前身。

中国的地方高校随着中国高等教育的不断发展、创新，经历了从无到有、从小到大的艰辛过程，见证了中国的衰败和兴盛。夏、商、周以来，文献资料一直有教育机构的记载。西周时期，学校的教育体系趋于完善。春秋战国时期，孔子开创了私学。虽然各种流派纷繁复杂，但都设馆收徒。隋末科举制度建立，官学、礼学大量涌现。其中，官学是古代中国高等教育的前身。从某种程度上讲，与政府、国家联系在一起的这种教育是中国高等教育发展的基础。殷商时期开创了大学，《礼记·王制》中曾有“殷人养国老于右学，养庶老于左学”的记载。郑选表示“右学为大学，在王城的西郊，左学为小学，在城内王宫的东面”。实际上，西周时期就曾建立了一套相对完整的大学制度，主要有三种类型，第一种是辟雍，由当时的天子所创，用于培养朝中的官僚统治者，是国立大学的开始，同时也为“学在官府”奠定了基础；第二种是伴宫，用于培养政府的各级官员，主要为诸侯设立，是地方高校的前身；第三种是畴学，主要负责传授水利、建筑、制造等技术，用于培养技术员，相当于现如今的私立大学。

现代高等院校是在古代大学的基础上发展完善的，创立于1898年的京师大学堂是近代最早的官办大学。为了抵御西方列强的侵略，我国建立了天津西学堂即现代的天津大学等为地方经济服务的高等实业大学。1929年南京国民政府发布《大学组织法》和《专科学校组织法》，明确表示了地方高校与国立高校的不同，规定了高校的属性。1949年，我国高等院校中私立院校81所，公立院校124所，总共205所，此外，还有6所医学院和1所兵工学院。1949年后，随着我国政治经济形式发生变化，我国高等教育管理体制也发生巨大变化，具体如下：1949—1956年，国家为了使高等院校适应当时的集中计划经济体制，对原来的高等教育进行了改革，实施集中管理、统一领导的政策，经过国家的调整和改革，我国高等教育日益发展。1951年，国家将教会大学全都收归国有。到1952年调整结束阶段，我国所有的私立大学都改为公立大学，并执行了中央政府办学体制。此时全国有综合类高校14所，工业类高校38所，政治类高校4所，语言、艺术、体育、少数民族等类高校31所，1952年年末，全国共有227所高校隶属于高教部门和中央相关的业务部门。

1956—1961年，中央权力下放，地方政府可以独立建立和管理大学。1956年，中央政府开始逐步下放办学权力。到1957年，已有187所高校被下放给地方政府管理，占全国229所高校的81%。1958—1960年，我国高等教育发展进入盲目推进时期。全日制高校数量从229所急剧增加到1289所。在此期间，当地学校的热情有所提高，各省（市、区）建立了若干为当地服务的高校。但是，国家没有提供宏观指导。1958—1961年，我国高校数量急剧增加，严重违反了教育发展规律，影响了教育质量。

1961—1965年，中央实行统一领导，地方实行分级管理。1961年，中央政府开始调整整顿。到1965年，我国高校数量急剧下降到434所，直属于高等教育的高校有34所，中央业务部门管理的高校有149所，省厅、市政府、自治区管理的高校有251所。

到目前为止，我国由中央部分和地方政府运行、分级管理的高等教育模式已基本形成，更好地调动二者的积极性。1966—1976年，我国高校教育处于混乱阶段。

1977—1984年是我国高校的恢复阶段，国家将中央统一领导和地方分层管理二者有机结合，到 1978 年，我国众多高校中有 38 所为教育部所属，217 所为其他部委所属，343 所为省级地方政府所属。党的十一届三中全会以后，我国在恢复高等教育体制的同时也对管理体制进行改革。1979 年，国家重申了 1963 年发布的《关于加强高等学校统一领导、分级管理的决定（试行草案）》，逐渐恢复中央统一领导和地方分级管理模式。

1985—1992 年，随着统一领导、分级管理的逐渐实施，国内高校办学的自主权逐渐扩大，在此期间，我国高等教育管理体制也进行了改革。1985—1986 年国务院颁布了《关于教育体制改革的决定》。1992 年，原国家教育委员会开启了高等教育管理体制改革。这些改革措施的实施进一步扩大了地方政府办学的权限，同时这些改革措施强调中央部委要与地方政府相辅相成地办学，为自己部门、其他部门和地方政府培养全能型人才。

1993—1998 年，国家再次明确和完善高等院校的分级管理和分级责任的管理制度。1994 年，全国高等教育体制改革研讨会在上海召开，会上指出为加强、深化高等教育体制改革的重点和难点问题，明确规定“分段”管理体制。1995 年，原国家教育委员会颁布了《关于深化高等教育体制改革的若干意见》，该意见重点改革了高等教育体制的问题，如此促进了高校之间的合并和合作，也推动了中央和地方政府共同管理、建设高校的进程。1998 年，国务院颁布了《关于调整撤并部门所属学校管理体制的决定》，对隶属于国务院九部委的高校进行了调整，将隶属于国务院 165 所高校中的 156 所交给地方政府管理，只剩下 10 所高校归入中央办学体制，由教育部主管。如今，全国形成“共建、调整、合作、兼并”办学模式的高校有 400 多所。

1999 年以来，新的中央和地方管理体制基本形成，主要以省级管理体制为主。同年，国务院做出重大决策，对航空、航天方面的 25 所普通高校、高职院校执行中央和地方政府合作建设。其中，18 所大学主要由地方政府管理。

原国防科技工业委员会管理北京航空航天大学等 7 所高校，管理的日常均在当地进行，同时决定除了由教育部、外交部、中国科学院、国防科学技术工业委员会、公安部、民航局、海关总署等部门管理的高校继续管理以外，国务院其他部门和范围不再直接管理高校。2000 年，国务院对 49 个部门下的 8 所大学的整体布局结构、大学管理模式进行了调整。原来由国务院各部、各委员会管理的400多所大学，大部分由省政府管理，少数由教育部管理。省级人民政府加大了对地方教育和统筹规划的管理力度。据教育部批准的高校统计，截至2021年，全国高等学校共计3012所，普通高等学校2756所，成人高等学校256所；2756所普通高等学校中，本科1270所，专科1486所。详细如下：

（1）我国本科高等院校共1270所，其中：849所公立本科大学，在849所公立本科院校中有147所是“双一流建设高校”，这其中的115所高校曾被列入“211”工程建设、39所高校曾被列入“985”“211”工程建设。民办本科学校412所（独立学院除外）；9所国内国外合办大学。从现在的本科院校所处地的角度看，北京市聚集的本科高校多达67所，是目前高校数量最多的地方。其次是武汉市46所、西安市44所、上海市40所、广州市37所、南京市34所、成都市29所、杭州市28所，等等。上述城市所聚集的不只是大学数量多，其办学、科研质量也相对于其他城市要好。

（2）中等职业学校7294所，相比2020年减少了179所。其中本科层次的职业学校32所，相对于2020年增加了11所高校；高职（专科）学校1486所，同比2020年增加了18所；成人高等学校256所，同比2020年减少9所。

（3）独立运行的学院188所。独立运行学院指的是执行本科以上学历的教学的普通高等学校和国家机构以外社会组织或者个人合作，采用非国家财政经费举办的执行本科学历教育的高等学校。独立运行学院是民办高等教育的重要组成部分，属于国家的公益性事业，依法享有各种各样的奖励和政策。

总的来看，我国高等院校数量达到了3000多所，虽然本科院校如此之多，但本科院校1270所也只占总体院校数量的一小半，更不用说本科院校中公办本科院校了。相反，上述数据中专科院校的数量反而多于本科院校，目前我国高中生的升学率虽然达到90%左右，但其中将近一半的学生上的只是专科，学生想考本科并没有想象中那么简单。

（三）高校与地方经济的协同发展关系

国内高校服务地方经济与国外相比，在办学条件、教学理念方面相对落后。当然，我国地方高校社会服务职能的演变过程清晰，有助于地方建设地方高校服务区域经济的基础和发展途径，我国地方高校服务社会区域经济建设的办学理念经历了五个阶段，每个阶段服务社会区域经济建设的形式不同，具体如下：

1. 地方高校服务区域经济的办学理念的萌芽阶段

古代官学起源于中国高等教育，主要是为了培养封建统治者的执政人才，而不是真正为社会服务。唐宋以来出现的私学被称为书院。书院是我国地方高校的雏形，虽然在教育观念和教育方法上不同于官学，但只强调修身齐家治国平天下，不注意科学技术，不是为社会服务。成立于洋务运动阶段的京师大学堂标志着我国近代教育的开始，与此同时，其他省市的27所学堂均被视为地方性大学。办学理念——“造就通才”是洋务派所提倡，其将外语、科技、军事学习融入大学日常的教课中，为国家、社会培养实用性人才，为国家、社会的科技进步贡献自己所学。然而，就当时而言，学校这样做是为了挽救处于危险之中的封建统治，而不是为了服务地方社会的发展，自然就不会产生服务于社会的理念。因此，在中国封建社会的几千年里，我国虽然存在各种各样的与高等教育类似的办学理念、形式，但真正的社会服务功能概念并未出现。

2. 地方高校服务区域经济的办学理念的改革阶段

民国初期进行了具有强烈反封建色彩的资产阶级革命教育，1912年教育部发布的《专门学校法令》《大学令》明确规定高等教育必须培育专业性人才、创新型人才以及适应民族发展的全能型人才。1929年教育部发布的《中华民国教育宗旨及其实施方针》再次明确要求高等教育必须对实用型的科学研究、学科、专业内容、专业技术人才的培养高度重视。民国时期的教育家对高校服务社会经济的职能格外重视，他们提议将高校自身的服务理念和实践联系在一起。例如，民国时期北京大学的蔡元培校长主张学校与社会紧密联系，学校的专业课设立、课程安排、教学内容应根据社会的需求而确定，他还提出要加强功利主义教育，把民生作为通识教育的中间力量。陶行知先生认为，高校教师、教育理应受到国家的重视。张謇先生是江苏南通大学的创始人，他提出“父实业而母教育”“学必用，用必适”等服务社会的思想，在当时教育思想体系尚未形成的时候，具有一定社会服务意识的社会服务思想，为社会服务职能的形成提供了思路。

3. 地方高校服务区域经济的办学理念的探索阶段

中华人民共和国成立初期，我国教育部提出教育必须服务于国家建设，学校必须服务于工农兵。1950年教育部发布的《关于高校实施课程改革的决定》，明确规定高校要与社会企业、地方政府部门紧密联系。这一决定使中国高校逐渐将服务社会的职能融入学校的日常教育中。1953 年，我国进行全国性的高校、政府部门、企业的改革，建立大量新高校、地方大学打破了原来高校大都集中于沿海城市的局面。

4. 地方高校服务区域经济的办学理念的发展阶段

改革开放以来，受我国经济发展迅猛，市场经济体制不断建立并完善，高等教育体制改革逐渐深入等影响，我国地方高校必须加强社会服务职能，一方面，高校服务社会区域要满足对人才、技术和文化支持的需求；另一方面，高校在满足服务区域经济、文化建设的同时不断蜕变，实现自身的发展。1978 年以后，各级省政府、市政府开始大力组织各种各样的服务社会的活动，尤其是开放函授教育、夜校、电大、自学考试等不同形式的校外成人教育服务，使高校适应改革开放和服务区域经济发展的需求。当然，如果存在学校和企业的生产权不明确、市场竞争力弱、高校初期阶段教学科学研究与实际严重脱节等问题，服务社会功能将无法达到预期效果。20 世纪 80 年代末，我国高校举办的服务社会经济建设的活动越来越多。20 世纪 90 年代以来，我国高等教育体制不断革新、深化，地方高校与其地方政府的合作日益增多，联系日益密切，同时，高校服务社会经济的功能也在不断提高，尤其是 1999 年以后，我国高等本科院校的数量不断增加，地方高校逐渐成为我国高等教育的主力军，不断推动地方社会的区域经济建设发展。

5. 地方高校服务区域经济的办学理念的深化阶段

随着知识经济时代的到来，部分高校面临的生存压力日益增大，高校如何更好地服务社会区域经济的发展，是目前我国高等教育提上日程的重要研究课题。在上述背景下，2013 年在教育部的指导下，我国部分高校建立应用技术院校学科联盟并使联盟加入对应的高校。还有一部分高校进行教育的革新，实施科研、教学二者有机结合策略，进一步推动地方高校服务社会区域的经济建设。2014 年 1 月，教育部工作会议明确指出，地方高校的转型、发展均需要教育部的指导，并且还要求地方普通本科院校的办学宗旨、方法应向应用技术型大学方向发展。同年 3 月，中国发展高峰论坛建议过国内部分大学向应用型大学过渡，以解决毕业生源就业问题。2014 年 4 月，联盟高校 178 所以生产、教学、科学研究为主旨，就“地方高校转型的发展”和“如何建设应用技术大学”等问题最终达成共识，并发布了《驻马店共识》。近年来，地方高校转型和发展，一方面对大部分高校生存和发展起到了促进作用，且彻底改变了国内高等教育的理念；另一方面，国内地方高校服务社会建设受到许多专业人士的重视。同时地方高校也将进一步贴近社会、了解社会，成为推动国家、社会区域经济建设的中流砥柱。

第三节　区域经济建设与地方高校发展的协作理念

当前，我国国内经济的增长形式、区域经济建设的模式正处于转型时期，部分地方高校在此背景下，与地方社会服务区域经济建设的联系越来越紧密，同时地方高校与社会区域经济的人才培养、科技创新、文化发展息息相关。区域经济的发达、繁荣是地方高校向应用型大学转型的必然措施，也是地方高校、区域经济建设相互制约、相互限制的规律。

地方高校凭借其优越的地理环境，为地方社会的区域经济发展建设服务。区域优势又为地方高校生存、发展以及增强影响力、竞争力提供基础。地方高校肩负着为地方社会区域经济发展培养人才的责任，利用高校培养人才的优势为区域经济建设服务是国内高校必须坚持的方向。区域经济发展的好坏又取决于地方高校的发展、建设，因此，地方高校需要为区域经济建设提供充足的人力资源。

在知识经济时代，地方高校作为地方最大的知识产业，其所提供的智力、人才、信息以及技术为地方经济的发展提供了大力支持，对地方经济发展的促进作用越来越明显。地方高校作为地方最大的文化教育产业集团，在地方文化建设方面发挥了重要作用，地方高校本身就是地方文化建设的形象品牌，它通过文化创造、更新、交流、传播，使地方的文化得到发展和提升。

笔者从为区域培养人才、提供科学服务、满足科学研究需求以及对地方文化进行创新和传承四个方面来阐述社会区域经济建设对地方高校的需求。

（一）人才培养是主要切入点

知识与技术并存的时代，经济要发展必须重视知识和技术。具有扎实理论知识，较强实际操作能力和较高综合素质的高素质应用型人才，可以直接为经济社会发展服务。随着区域产业结构的转型升级和经济社会高速发展，社会对人才的需求由单一型向复合型转变。提高学生的理论和实践能力以及理解、表达和协作能力，以满足区域经济和社会发展的需要，是地方高校立足和服务地方，引领行业发展的最直接、最有效途径。长期以来，我国高校人才培养的重点是传授理论知识，缺乏实践训练，忽视实践能力的培养。地方高校要实施社会服务，培养区域经济社会发展的高素质应用型人才，需要利用教育教学实践平台，锻炼学生的实践能力。因此，地方高校应从区域发展出发，开展校企合作，制订人才培养计划，把培养面向生产、服务、管理一线的应用型人才作为服务社会的基本路径。只有这样，地方高校所培养的劳动者才能满足社会和市场的需求。

劳动密集型的经济发展时期，由于劳动比较密集，工业的发展需要的是技术型人才。知识密集型的经济发展时期，国家、社会的发展需要的是创新型人才。《世界竞争力年鉴》中提到中国科学研究人员的国际竞争力处于国际中等水平，而合格程度处于末端。因此，培养复合型人才是地方高校的任务。地方高校在服务区域经济建设时，应根据自身条件和地方的特色，适时调整高校教育的课程，专业课和实践课的结构，以适应地方社会的区域经济建设需求，着重发展高校的特色学科，培养创新型人才，更好地为地方社会的区域经济建设贡献毕生力量。劳动力是影响区域经济建设的重要因素，而人才是推动经济发展的重要力量。科技是第一生产力，要想实现区域经济的持续发展，区域经济增长方式、技术创新、区域的劳动者数量都是重点考虑的因素。人才的培养是高校的职责所在，归根结底，高校的建设和发展离不开人才。

地方企业中的职工继续教育工作需要地方高校的全力配合。分析地方高校与企业合作的实际情况，可以发现高校在地方企业职工培训方面占比较低，这表明高校与地方企业的合作还不够深入，贡献率也不是很高。地方高校可以利用自身人才优势、区位优势、设备优势和信息优势，调动先进的教学资源，对企业职工进行培训以及再教育。

（二）科研转化是服务社会的重要组成部分

区域经济的快速发展一方面由区域内可用资源的数量决定，另一方面由区域内政府、企业做出的科学判断和决策决定。地方高校的教学学科涉及范围广，知识渊博的教授、学者多，各个团队之间相互独立，互不干扰。通过研究、分析、调查可以避免行政权力影响结果，从而保证理性的、客观的意见。同时，高校可举办学术研讨会，在研讨会上制定有助于地方经济发展的决策，并研究解决当前高校与政府、企业间的问题。建立高校智库服务区域经济发展的措施是高校科研服务的重要举措，高校是创新型人才聚集的地方，创新型人才具有突出的专业化优势，是区域智库的重要成员。特别是既有学术技能又熟悉现状的复合型人才，在地方社会的区域经济建设中发挥重要的作用。高校可以利用自身学科的优势，对不同学科之间展开分析，对区域经济建设面临的重大问题，提出合理化、针对性策略和提议，并设计出有效的解决途径。高校利用设施全、新和基础理论知识丰富的特点增强社会区域的可持续发展，高校还可以发挥文化底蕴深厚的特点，正确引导舆论方向，引导区域文化向善、向上发展。

高校可以从以下六方面推动科研的发展。

第一，着力强化科研顶层设计。积极落实国家科研发展方针战略与相关意见，制订中长期的科学研究发展计划、科学技术创新和高校学科有序建设的未来计划，深入研究探讨科学研究的工作方案，稳定推进科学技术体制的革新，合理的调整计划层次不仅可以引导科学研究有组织地前进，还能起到激励、协调的作用。高校根据自身所处的地理位置，明确未来的发展目标，结合自身定位，同时将地方社会区域经济建设对高校的需求作为高校科学研究的主攻方向。

第二，着力改革科研组织模式。高校协同地方政府进行人事制度、人才培养、人员考评、科研模式、资源配置方式、国际合作以及创新文化建设等方面的革新，进而推动高校和地方政府之间科学研究的有效组合和不断优化，促进高校和企业、高校和地方政府、高校和高校之间的协同发展，加强高校与校外企业的学科交叉，有助于创建更强大的科研队伍，承担更重要的科学研究任务。

第三，着力建设核心科研队伍。以高校的特色科学研究为中心，凭借高校的优质的学科，本着培养人才和引进人才相结合原则，进行创新型人才的储备。改善绩效考核制度，多措并举，以激发教师的内生动力，提高工作效能。大力推行以项目负责人为核心的科学研究管理方式，并给予创新型统筹人才更多的人力、物力的使用权和决定权，目的是突出研究型教师在科学研究中的地位，建设一支专业的技术型人才力量，加快科技成果的转化。

第四，着力打造开放协同平台。地方高校紧紧围绕国家、省政府、市政府的重要需求和学术研究需要攻克的难题，以西北的能源碳中和、水资源优化配置、智慧工业为中心，搭建高校科技创新平台，创办工程研究中心和学科重点实验室。高校还要与地方的“专、精、特、新”企业共同搭建技术创新策略、创新平台，积极研究高校的科学研究组织的管理模型，加快研发核心技术和共性技术的进程。

第五，着力促进成果转移转化。发挥好当地平台示范作用，鼓励有实力、有条件的高校、企业、地方政府合作建立科技园。高校专利的科研成果要积极参与转化，将市场前景广阔、社会实用性强、应用广泛的专利积极投入实际生活中，帮助中小企业创新发展。有序组织社会区域和企业推动高校专利技术向现实生产力转化，并大力发展和推广取得明显经济效果的科研成果。

第六，着力营造良好科研氛围。发挥向导作用，向重学术轻应用，重鉴定轻推广，重纵向项目轻横向项目方向转变，鼓励校内教师潜心进行学问研究。高校管理层要定期调整不符合高校服务社会经济建设需求的规章制度。减少教师的非教学、科研任务，减轻教师身上的负担。同时，高校的业务管理部门强化服务社会的经济建设职能，促进科技成果所有权和使用权的革新，优化研究经费的管理方式，简化科学研究的预算编制和报销流程，进一步激发科研人员的内生动力。

（三）科研能力瞄准产业相关难题

经济与知识并存时代，高校基础研究与实际应用的联系越来越紧密，但是二者有不同的研究任务和目的，区域经济建设的发展，为地方高校提供技术保障的上升空间，也推动地方高校成果转化。而地方高校的区域优势取决于是否能够及时了解区域经济建设的状态，同时这也是地方高校促进成果转化的有效途径。

1. 为区域经济建设提供成果转化支持

科学研究是高校的基本职能。地方高校是地方区域经济创新的中坚力量，推动着高校产业的成果转化。地方高校通过良好的科研装置、高水平的科研队伍、举办科研活动，为高校学生提供辐射全区的新知识和新技术，促进区域经济、社会、技术的进步，只有地方高校与地方区域经济建设紧密联系在一起，才能提高区域经济、社会、技术的发展，获得社会的支持。如此，地方高校才能成为社会企业发展的坚实盾牌，地方高校利用科研渠道加强与地方经济的互动。高校在开展科学研究的同时，也在促进区域经济的发展。

地方高校要促进成果的快速转化，需要依赖社会区域经济的发展和建设，与地方企业合作，建设创新的科技体系。地方高校根据自己的办学特色，从地方社会的独特资源出发，研究分析区域的文化特色和独有的资源，提高高校学生的学术水平，挖掘社会区域的创新之处。省政府、市政府充分发挥统领的作用，成为联结高校、政府、企业之间沟通的纽带，格外重视、利用地方高校在区域中的独特优势。

地方高校采用大学和企业合作的方式对教师的科研成果进行转化，将企业建设成高新技术企业，进一步将科技成果转化，加强地方高校自身建设。为支撑地方高校科研，需创造良好的学术环境。同时发挥高校辐射周边的作用，为地方高校科学研究促进区域经济、社会和技术进步保驾护航。

2. 为区域经济建设解决技术难题

地方高校通过科技研究，解决了高校与企业间的瓶颈问题。推动生产、教学、科研三者的合作，加强科技研究，推进科技成果与企业、行业对接。工业、教育、科研有助于共享科技研发资源和创新型人才。所以，地方高校与区域其他研究课题结成联盟，建立合作创新研究院，进行科技开发、试点和推广，发挥合作创新研究院的研究活力，解决本地区企业生产中的技术问题。

地方高校取得的研究成果有利于解决社会区域科技问题、促进相关特色的技术转移、大力发展社会区域经济。因此，为了提高社会区域经济建设社会生产效率，并做出突出贡献，地方高校必须完善体制的创新制度，加强科技成果的推广和研究成果的转换。

第一，地方高校在科技成果推广应用过程中充分利用互联网，将高校生产的新产品、新技术最大限度地推广，完善网络信息服务平台建设，建立录入科技成果信息的数据库。

第二，实施绩效激励政策，为充分调动晋升科研人员的积极性，对于做出重要或巨大贡献的研究人员，提高其社会地位和待遇。在人才评价和提升过程中，研究人员的科技成果是衡量人才的重要标准之一；在研究人员的技术职称评定过程中，研究人员的成果转化是评级的重要内容之一。

第三，鼓励高校科研人员之间相互合作、相互帮助，必要时要以团队形式对科技成果进行转化，建立有序的符合标准的科技成果推广制度，有效实现研究人员成果的保护。

第四，激励机制是促进科研成果快速转化的有效途径，科技成果的快速转化一方面极大提高了区域经济生产效率，加强了科技创新成果的转化；另一方面激发了将科技成果转化为生产力的积极性。如此一来，更多科技成果转化为社会生产力，极大提高社会的发展，同时增强我国的综合国力。

（四）共同承担文化传承与创新使命

地方高校不仅服务社会区域的经济建设，而且是社会区域文化交流和辐射的发源地，所以，它们受到政府、社会各界人士的关注。地方高校在服务区域经济建设的指导下，正在成为传承、创新、引领地方社会文化的思想宝库、建设先进地方文化的宣传者，并为服务区域的文化建设奋斗终生。地方文化要实现传承、创新和领导，则需要相应的载体，而地方高校的基础职能则成为社会区域文化的载体，在地方区域经济建设的指导下，地方高校承担起新的历史使命，将地方文化传承、创新文化以及引导文化当作自身的重要任务，化被动为主动，进一步突破高校自身的价值，使自身成为先进文化传承的骨干力量。

1. 区域文化产业建设对地方高校文化传承和创新的需求

一方面，地方高校成为社会区域经济建设的阵地；另一方面，是地方社会区域文化发展程度的重要标准之一。地方高校在学生、教师、校园文化、科研等方面具有自身的特色，同时地方高校作为区域文化发展传承与创新的机构，区域文化发展起来也具有独特的区域优势。在知识经济时代，知识型人才、社会区域的文化传承等无形的财产是地方社会生产的核心要素，也是高校生产这些要素的聚集地和着力点。

首先，学校在办学过程中要做好区域文化传承和创新的高素质人才培养工作。在院校学科建设方面，师生队伍、学生能力培养、教师的研究能力建设，以及校园文化创新等要制定一系列的发展策略。与此同时，还要扩大探索新事物的能力和有效路径，突破发展瓶颈，加快高校发展步伐；其次，在加强文化传承和建设的基础上，将文化纳入高校未来发展的整体规划中，地方高校的文化建设与地方社会文化建设存在密切联系。高校要有意识地将本地区优秀传统文化和其他地区优秀文化引入校园和课堂，努力建设具有地方特色的优质文化课程，积极扩展高校自身的办学宗旨，制订生产、教学、科研三者一体的培养人才计划。最后，在学科建设中，地方高校应充分利用作为重要学科建设资源的区域文化产业，开展区域文化产业研究，促进区域经济建设。地方高校围绕城市的主要产业和专业进行自我调节和调整。打破传统的同时对人才、技术、设备进行整合，设置与本地区经济建设相关的特色专业，培养服务于社会经济、政治、企业发展需求的创新型人才，并努力将这些人才安排到社会区域的经济建设中。

在整合和完善自身文化特色的基础上，高校将优秀文化充分融入自身文化建设体系，增强文化厚度和社会影响力。

2. 区域文化消费建设对地方高校文化传承和创新的需求

在“文化教人”和“文化育人”的过程中，地方高校不仅要立足于地方，还要与地方人民保持紧密联系，多参加地方举办的活动，建立多元文化基地。在中国的区域发展策略中，地方与地方经济的竞争同时也是地方文化与文化的竞争。尤其是我国在构建区域经济一体化新格局过程中，文化的消费能力体现了区域的竞争力。地方高校是培养人才、科学研究、服务社会、传承和创新文化的重要场所，这既是地方高校的基本职能所在，也是地方高校自身强力发展的必需。区域的文化发展不仅需要自身的建设和发展，还需要地方高校的引导。一方面，在区域的经济文化建设过程中，地方高效肩负着地方文化建设、传承、创新的使命。高等院校在人才数量、科学教学、科学研究等方面有极大的优势，可使得区域文化向更加先进、文明的方向发展。另一方面，高校应当学会改变，在引导、建设、传承文化的同时，也要不断地扩大自己的生存和发展空间。

3. 区域文化交流对地方高校文化传承和创新的需求

衡量区域文化高度的重要因素是区域经济交流文化。实际上，区域文化是一个体现人民利益和要求、社会对真善美诉求的动态过程，高校在学科建设、专业设定、课程排布设计及校园文化交流过程中，很好地吸纳和整合整个区域社会的优秀文化和人文关怀，还利用区域人才管理资源、知识资源和信息资源探索和培养区域新知识、新观念、新文化。

第一，共同建设符合地方鲜明特色的文化研究机构，地方政府和高等院校之间共同建立具有地方特色的高校科研机构，旨在推动地方经济中社会文化产业和文化市场在科学研究方面的发展，成立区域文化的“孵化基地”，加快区域文化向优秀的文化产业、良好文化产品转化。

第二，培养地方高校的师资力量。围绕区域文化的学术中心将该地区的文化、文学、历史、艺术社会等不同学科的教授、专家组成一支跨学科的研究团队，对区域非物质文化遗产进行保护和开发，充分利用地方机构对地方文献进行收集，同时加强区域文化挖掘、传承、保护等职能。

第三，加大鼓励教师和研究人员在国家重大文化建设活动中积极承担地方的文化遗产保护、文化项目设计、文化产品研发等项目的研究，为地方文化建设做出贡献。突出高校报刊在国内外传播方面的优势，开设反映特色的栏目，加强高校特色的宣传，扩大高校的知名度。

第四，高校和地方之间联合举办传统文化讲座、文化艺术表演等活动，不断提高全体人民的文化品位、文化意识和文化自信，推动地方文化的不断完善。

第五章　地方高校服务区域经济建设发展路径研究

大学最初只作为培养人才的机构，19 世纪，柏林大学创办后将科学研究作为其职能，20 世纪后，社会服务职能得到普遍认可，之后文化传承与创新成为高校职能。地方高校的社会服务工作应从不同方面来体现这三大职能，高校职能增多，说明服务社会路径扩大。随着学校综合实力的提升，区域各方迫切要求地方高校提供更广泛的服务。目前，我国的经济增长模式和地区经济结构均处于转型发展期，与此同时，地方高校也面临着新的挑战。在这一背景下，地方高校与地方经济发展的联系越来越紧密。地方经济和社会发展与高校的科技、人才、文化等的支持息息相关，地方高校在促进地方经济和社会发展的同时也能够找到自身发展转型的动力。因此，地方高校应为社会培养人才，通过科学研究，产出大量科技成果，然后对科技成果进行转化和开发，既促进了科技进步和生产力提高，又在文化传承创新中，推动了社会文化发展与繁荣。

第一节　区域经济发展需要应用型人才的支持

高素质应用型人才具有扎实的理论基础，较强的实践能力和较高的综合素质，可以直接服务于经济社会发展。随着区域产业结构转型升级和经济社会的发展，社会对人才的需要由单一型转为复合型。地方高校立足地方、服务地方，以对接行业需求为导向，最直接和有效的方式则是提高学生理论与实践能力、以及理解、表达与协作能力，提高人才培养质量以适应区域经济社会发展需要。因此，地方高校应从立足区域出发、开展校企合作、确立人才培养计划，将培养面向生产、服务、管理一线的应用型人才作为地方高校社会服务的基本路径。

（一）利用优质资源助力学生的专业知识学习

1. 加强学科建设

通常认为，地方高校的目标就是培养社会所需要的专业型人才。对于地方经济建设过程来说，专业型人才是指能够从事实际生产实践的知识型人才和操作技能型人才。无论是知识型人才还是操作技能型人才，统称为应用型人才，这与高校中的学术型人才是有区别的。地方高校相较于部属高校在办学层次、课程建设、科学研究方面都比较薄弱，但是地方高校可以更准确地发掘地方经济建设的需求，并以此作为人才培养目标的现实依据。地方高校侧重培养应用型人才是由历史原因和生源情况等决定的。

一方面，由于历史原因，地方高校在办学传统、师资力量、培养水平、学科建设、生源层次等方面受限，其发展与地方经济或产业结构相关，以此培养一些学术型人才，但是，很难培养出综合水平较高、基础能力较强的学术型人才，也就无法带动其他新兴应用型学科的发展。所以，地方高校应该将重点放在应用型人才的培养上。

另一方面，地方高校的学生大多来自本地区域，许多学生毕业后依旧会选择当地的工作岗位。应用型人才主要从事操作类工作，完成社会生产过程中的实践生产任务，用所学的理论知识指导实践。地方高校具有区域性，所以只有将理论与实践相结合，与地方经济发展建设要求相对接，才能够对应用型人才的培养需求进行细化。因此，地方高校在人才培养过程中，应该明确自身在区域和层次中的定位，找准地方经济建设发展人才的现实所需。

在劳动密集型的经济发展阶段，社会和市场的发展主要依靠技术型人才，而在知识技术密集型的经济发展阶段，主要依靠创新型人才。《世界竞争力年鉴》指出：中国工程科技人才的国际竞争力在世界范围内处于中等水平，且合格程度处于末端。因此，地方高校应该注重丰富和增长学生的专业知识，重点培养复合型人才。地方高校应找准自身的办学定位、发展自己的办学特色，时刻关注地方经济发展的变化，随市场结构的改变及时调整核心课程、基础课程和实践课程的结构，在专业设置上要控制规模，做好基础学科与应用学科之间的协调，优先发展与地方经济相关的专业，重点发展地方高校特色学科、交叉学科，以丰富学生专业知识。

2. 加强师资力量

当前地方高校教师配置结构单一，缺少实践经验丰富的教师，难以对学生的实践活动进行指导，这是地方高校在培养创新型人才所面临的困难之一。要想解决这一难题，地方高校应该组建或培养一支既具有扎实专业知识，又具有丰富社会生产实践经验的高素质师资队伍。高校应通过培训、实习、教学等形式对教师进行培养，同时为教师提供在企业实践的机会，培养复合型教师，定期派遣相关专业的优秀教师到地方企业中挂职锻炼，鼓励高校教师积极参与地方企业的技术研发以及新产品制造。在教师队伍组建过程中重点培养“双师型”教师，也可以大力引进和聘请地方成功的企业家和创业者以及企业中的技术骨干作为高校的兼职教师，参与高校实践课程和实验的设计。只有不断地提高地方高校教师的综合素质与实践能力，才能更好地培养所需要的应用型人才。

（二）搭建实践平台提高学生实践能力

地方高校为地方经济建设和社会发展培养适应性人才，能够加强地方高校与地方经济之间的联系，这是地方高校在地方生存和发展的基础。随着高等教育体制的改革和地方经济日趋区域化，专业人才服务于地方经济和社会发展已成为人们的共识。但是由于地方经济和社会发展较快，目前劳动力市场严重缺乏应用型人才和专业技能型人才。企业所关注的重点也由学生的学历逐渐转向学生拥有的技能。根据以往的实践生产经验可以看出，一件好产品的生产不仅需要一流的设计师，还需要一流的生产制造者。国家或地区拥有的技能型人才越多，其经济发展就越稳定。所以在人才日益短缺和经济发展快速转型的当下，技能型人才培养和队伍建设就显得尤为重要。地方高校应该结合地方经济和社会发展需求，适时地对自身的专业设置和办学定位做出调整，扩展紧缺型人才的培养与培训领域，加快紧缺型人才实训基地建设。

一直以来，我国地方高校在人才培养过程中多注重理论知识的传授，忽略了实践和实训方面的教育，从而导致学生在实践经验和能力上不足。地方高校若想更好地为社会发展提供服务，培养更多应用型人才，就需要充分利用自身的教学资源，打造教学实践平台，丰富学生的实践经验。大学科技园作为高校产学研合作的重要平台，是高新技术企业孵化和应用型人才培养的场所，地方高校应围绕这一平台建立企业孵化园、实训基地，鼓励和支持企业在高校内建立高新技术研发实验室和培训中心，加强地方高校与企业之间的联系。

（三）加强产学研合作

地方经济和社会的发展不仅要求高校培养实践经验丰富的人才，还要培养具有创新思维和创造能力强的人才，在培养创新型人才时，创新思维和创造能力是相辅相成的，二者具有紧密的联系。有学者认为，地方高校应该从加强与地方企业的联系和为劳动力提供相应的知识和技能两方面来为地方经济和社会发展提供服务。因此，地方高校应该对地方经济的结构和实际需求进行深入研究，建立有效的沟通体制，加强与地方企业和各个行业的联系，在人才培养过程中将满足发展需求作为最终目标。高校通过鼓励学生对科学研究和实践生产不断进行分析、比较、推理和判断，将所学的理论知识运用到实际生产中，以解决现实问题。地方高校通过引入实际案例来引导学生进行情景分析，通过思考来激发学生的创新思维和创造能力，只有在实践中才能够激发学生的创新思维和创造能力。日常生产、学习和科学研究相结合，使学生通过实践—认识—再实践—再认识的过程增加自身的实践经验，发掘自身创新创造能力。

第二节　提升高校科学研究能力

随着知识经济时代的来临，基础性研究与应用性研究之间的界限越来越模糊，但是二者之间的联系越来越密切。即便如此，二者在研究任务和研究目标上依然存在一定的差别。基础性研究通常是对基础知识和规律的理解，是一种纯科学的研究；而应用性研究则主要针对实际生产过程中遇到的问题，是一种以创造和研发新技术、新工艺和新产品为目标的研究。基础研究对我们的思维方式产生影响，而应用性研究则对我们的行为走向产生影响。

从高等教育的实际出发，地方高校的科学研究与部属高校的科学研究存在一定差别，这主要是由于部属高校在基础学科建设上更加齐全，科研资金更加充足，完全可以在基础研究领域进行深入的探索并得出重大的科研成果；而地方高校由于缺乏资金支持，自身建设在各方面相对薄弱，无法承担重大的基础性研究项目。但是地方高校服务范围和目标明确，与地方经济联系密切，在专业设置和学科建设方面更具灵活性，所以，地方高校服务社会经济具有明显的优势。这主要表现在地方高校科学研究面向的是地方经济建设和社会发展过程中遇到的实际问题，研究的选题依据往往是经济建设的现实需求，重点进行实际应用方面的研究，尽可能地促成自身研究成果的转换。地方经济建设和社会发展对高校的需求决定了其科研分工不同于部属高校，是地方高校办学理念的重要参考，同时也是地方高校获得地方社会支持的基础。地方经济建设和社会发展为高校的技术研发提供了广阔空间，同时也为地方高校的成果转化提供了机会。地方高校的一大优势就是能够时刻把握地方经济建设的方向，这一优势也成为地方高校发展的自身特色和推动自身成果转化的重要动力。

地方高校作为区域教育产业，不仅承担着人才培养的任务，还具备科技成果转换的功能，地方经济建设的主要智力支持和技术支持都来自地方高校的科技成果转换。地方高校的成果转换主要是指将科研成果在企业中进行试用，通过不断的改进最终提高企业的生产力或形成新产品。成果转换是一个将科学技术转化为实际生产力的动态过程。地方高校科技成果的转换可以帮助地方企业突破技术瓶颈、提高生产效率，是地方经济建设和社会发展的根本动力，是地方高校服务社会的根本路径。

（一）通过科学研究推动区域科技进步

地方高校拥有先进的科研设备、高水平的教学和科研团队，通过利用自身的优质资源可以为劳动者提供新知识，为企业提供新的实用技术，在不断研究的过程中推动地方经济建设和社会发展。地方高校的科学研究应该与地方经济建设紧密相连，以提高地方整体科技水平，只有这样，地方高校的科学研究活动才会得到社会的支持，才能成为地方企业技术转型升级的后盾和依托。

地方高校要想通过科学研究来推动地方科技的进步，首先，必须确保地方高校的科学研究活动紧紧围绕促进社会经济建设展开，与地方企业合作，构建地区科技创新系统。地方高校应利用社会各界特有的资源，结合自身的研究特色，深入发掘地区科技文化遗产和特有资源，提升科研水平，寻找科学研究的创新点，积极寻求地方企业和科研院所的合作，共同建立科研实验室和研发中心，强化技术创新能力。如今，科学技术发展日新月异，处理好地方高校教学目标与地方经济建设和社会发展的关系是地区科技进步的首要前提。

其次，地方高校应建立技术咨询服务中心，主动承担起地区科学技术进步的任务。技术咨询服务中心的主要职能是为劳动者提供网络课程培训和技术服务咨询，加强劳动者对所在岗位的认识和了解，培养复合型人才，努力将技术咨询服务中心打造成地区科技决策的“智囊团”。

最后，地方政府应在地方高校与企业之间起到桥梁的作用，做好统筹规划，使地方高校在地方科技进步中的作用充分发挥出来，通过举办地方企业与高校的洽谈会，促成地方高校科技成果向企业的转让，加强与企业的合作，共同创办科学技术创新基地，实现科技成果的转换。地方政府还应完善相关政策法规，加强地方高校基础设施建设，充分发挥地方高校的辐射带动作用，为地方高校推动社会科学技术进步打下坚实的基础。

（二）通过科技研发突破发展瓶颈

地方高校可以通过创新研发来帮助地方企业突破实际生产瓶颈。

首先，地方高校应加强自身的科技研发能力，加大产学研合作力度，完成技术成果与企业的顺利对接。根据英国剑桥大学的成功经验，我国地方高校可以成立科技工业园，以此为基础孵化高新技术产业公司，或者创办校企联合发展中心，设立产学研合作基地，将地方高校中的高素质人才派遣到企业中，帮助其攻克关键生产技术难题，逐步与企业形成稳固的合作关系。

其次，地方高校应依托高新技术研究实验室和产学研合作基地等平台重点开展应用型研究，加强各学科之间的融合和创新协同，建立跨学科、跨专业的科学研究平台，致力于前沿技术的研究与开发。地方高校应加强与地区内其他科研院所的合作，构建创新协同研究院，进行新技术的开发、试用和推广，最大限度地发挥各机构的科研能力，有针对性地开展科学研究工作。

（三）加速科技成果转化以提高社会效益

地方高校的科学研究成果是实现技术升级、突破生产技术瓶颈提升社会生产效率的主要支柱，同时也是地方经济竞争优势的活力源头。因此，地方高校应该不断完善制度、变革机制，加大科技研发和科技成果转化力度，提升自身的科技创新能力，为地方经济和社会发展做出贡献。

首先，地方高校应该认识到互联网技术对科技成果转化的推动作用，可以将互联网作为自身新技术与新产品向企业或其他行业推广的重要媒介，加强信息网络服务平台建设，建立科学技术成果与研发信息数据库。地方政府也可以在网络上发布地方高校拥有的科学研究成果以及企业的技术需求，做好地方高校与企业之间的信息沟通，加快地方高校科技成果的转化。地方企业可以快速准确地获得有利于促进自身发展的信息和技术，地方高校也能实现自身科研成果的转化，将新技术、新产品更快地投入市场。

其次，地方高校应该制定和完善成果推广的激励制度，将科研人员的科技研发和成果转化调动起来。地方高校可以提高科研人员在社会上的地位，给予对科研成果转化有突出贡献的人政策倾斜，将成果转化数量和业绩作为地方高校科研人员职称评定的依据。鼓励在校优秀的科学技术人员组建团队、创办企业或者以持股人的身份开展科学技术成果的转化工作，建立有利于成果转化的机制，保障科研人员能够顺利地进行成果转化。

最后，健全科技成果转化的评价体系。地方高校分不同的阶段对基础研究、试用发展和运用研究建立不同的评价体系，确保评价结果的准确性，保障科技成果顺利转化，提高社会生产效益。

第三节　区域文化发展的传承与创新

大学既是教育机构，也是文化机构，其本身具有文化辐射功能，同时高校文化是区域文明的中心，通过文化活动、学术研究、思想传播等方式引领区域社会的思想观念和文化诉求。传承区域文化是地方高校的使命，也是提高地方高校竞争力的必然选择。另外，区域文化涵养高校文化，区域优秀文化凝聚该地区的文化精髓，承载一个地区的记忆，并指向文化发展的未来。因此，地方高校从区域特色文化中汲取营养、挖掘区域文化特色、提升文化自觉增强文化自信，成为地方高校社会服务的重要路径。

地方高校是各地区之间文化交流的窗口，是区域文明向外辐射的源头，因此受到地方政府和社会各界的高度重视。在为地方经济建设和社会发展提供服务时，地方高校应以社会市场经济的变化为方向，努力成为继承、发展和引领地方文化的智库、地方先进文化的推广者、服务地方终身学习的主力军。地方高校自身的职能决定了其能够成为地方先进文化发展、继承与引领的载体，因此，地方高校不仅要为对方的经济发展服务，还需要承担起地方先进文化继承、发展和引领的重任，这也是时代赋予地方高校的新的历史使命。

（一）通过课堂教学传承区域传统文化

地方高校应该充分挖掘区域经典文化在课堂教学中的丰富内涵，不断创新载体与形式，将第一课堂和第二课堂相结合，传承区域经典文化，引导学生自觉把个人价值与区域发展有机结合，为地方经济建设和社会发展服务。

1. 发挥思想政治课的主渠道作用

地方高校利用思想政治课这一主渠道，将区域经典文化融入教学。一方面，充分发挥思政教学的引领作用。地方高校将思想政治课融入区域经典文化的协同育人理念传达给学生，增强学生对区域经典文化教育的认同感，及时获得学生的反馈情况，促进思想政治课传承区域经典文化的有效进行。另一方面，地方高校开展思想政治主题教育活动，辅导员可以结合区域文化风俗、艺术、优秀人物事迹开展宣传教育，引导在校大学生关心、关注区域经典文化，增强大学生传承经典文化的责任感和使命感。

2. 发挥实践活动课的主阵地作用

地方高校应充分认识社会实践的育人作用，在开展各类主题的社会实践活动中传承区域经典文化。首先，依托区域历史文化资源，开展有区域文化特色的诗词吟诵活动、朗读者活动，观看区域文化宣传电影，使区域文化成为学生社会实践的生动教材。其次，组织大学生深入民间开展实地调研，感受当地的风土人情、礼仪规范；加强大学生与民间艺人之间的交流，开展剪纸、彩陶等技艺传承，加大工艺开发，彰显传统特色和经济价值；邀请舞蹈、音乐等专业人员来校演出，活跃校园文化氛围，激发大学生文学艺术的创作和传播热情，有效推动区域文化的传承与创新。同时发挥地方高校文化知识的辐射作用，丰富区域民众文化的内容，通过富有感染力的表现形式，推动先进文化的普及，引领群众文化朝着正确的方向发展。最后，发挥新形式在传承区域经典文化实践活动中的重要作用。例如，地方高校可以以“快闪”的方式来开展纪念活动，在地方高校所在市区人口密集场所开展宣传展示活动，使广大市民产生共鸣。这既是地方高校弘扬和践行区域经典文化的社会实践活动，也是利用新形式、新媒体弘扬大学文化的新探索。

地方高校现已成为地方经济建设和社会发展的主阵地，同时也是衡量地方文化的标准之一。地方高校与其他不同类型的高校相比，其在生源、师资和校园文化方面具有明显的地域特色，加上其在地区文化传承和发展方面的优势，地方高校能更好地发展地区文化产业。

首先，通过汲取新思想和新理念来对地方文化进行集成与创新。知识经济时代，地方高校与地方经济互动发展逐渐成为趋势，地方高校在地方经济发展中占有重要的地位。科技、文化、人才等无形资产都是知识经济的核心要素，也是地方高校能够成为地方文化向外辐射的重要保证。地方高校经过长期的教学活动，不断汲取地方优秀文化的精髓，通过创新为地方注入新的文化要素，推动地区文化的发展。所以，地方高校应该在继承传统文化的基础上推陈出新，通过不断汲取时代前沿的新思想、新理念来保持自身的文化创新活力。

其次，通过发展地区自然资源产品进行传承与创新。地方高校应该开展具有地方特色的科学研究，加强自然科学方面的建设，努力开发地方特有的自然资源文化和产品，使学科具有明显的地区品牌特色。地方高校在开展特色自然资源学科研究方面具有极大的优势和不可代替性。

最后，通过研究地方文化产业进行传承与创新。调控地方高校科学研究的宏观因素是地方经济建设。受地域和文化因素的影响，地方高校的研究课题和人才出路主要是地方企业和相关部门，因此，地方经济建设和社会发展与地方高校学科建设需求密切相关。而具有地方特色的文化产业又是地方经济重要的组成部分之一，所以地方高校应该充分利用地方文化产业这一重要的学科建设资源，加强对地方文化产业的研究，推动地方经济的建设和发展。

（二）加强区域特色文化推广

地方高校应发挥学科综合、人才资源优势，创建自由争鸣的学术文化，营造学术民主、平等、求真务实的学术氛围，培养师生的创新精神、学术品格。地方高校应结合推广区域特色文化的需要，重点选择研究课题，主动以弘扬区域优秀传统文化、特色文化为己任，在推广区域文化中实现学校学术活动的价值。高校可以通过“科技节”等多种形式，邀请校内外专家学者为广大师生举办学术讲座。组织学生参加“挑战杯”等全国大学生课外学术科技作品竞赛、大学生创业计划竞赛，通过开展丰富多彩的活动，在提高师生综合素质的同时，提高学校的声誉以及社会影响力。

（三）创新和发展区域文化

1. 建立区域文化研究机构，打造科研团队

地方高校针对地方文化产品进行专门研究，研发新产品、输出新技术，打造具有地方特色的品牌产品，引领地方文化产品的产出和管理，提升地方文化生产效率，为地方文化服务地方经济提供优质人才输送和战略决策保障。地方高校可以创办具有地方特色的科研院所和研究中心等机构，通过调查、收集和整合等手段对地方文化产业进行深入研究，为发展和创新地方文化产品提供坚实的后盾。地方高校将对地方文化产业具有研究专长的专家和优秀教师会聚到一起，通过组建专业团队实现研究人才队伍的稳定，搭建地方优秀文化研究实践平台，为地方文化产业的研究提供坚实的组织保障和人才支持；成立具有地方特色的文化协同创新研究中心，主动承担地方文化类的研究课题；协调好与文化部门、街道社区的关系，承担区域文化研究课题，比如，地方戏研究、区域旅游文化研究、区域文化品牌打造研究等，为服务区域文化传承发展提供科学依据和理论支撑。

2. 推进地方特色文化研究，创新和发展区域文化

地方高校加强地方文化方面的科学研究，对地方文化进行创新和发展，努力

产出一批具有地区代表性、文化独特性的科研成果。首先，对地方的历史遗迹和书籍进行系统性整合，开展民风民俗、历史事件和人物、民间艺术和文学等方面的研究，向社会各界展示和推广相关的文化研究成果，提高民众对当地文化的了解与认识，激发当地民众对本地区文化的保护、开发和创新热情。我国地方高校还可以参照其他国家地方高校的成功案例，在当地举办丰富多彩的文娱活动，充实地方民众的精神生活。其次，地方高校围绕地方经济和文化特色，针对社会发展中的难点和热点问题，开展专题研究，为地方政府作相应决策和实施保障制度提供参考。最后，加强文化产业的孵化能力，地方高校具备人才与技术资源优势，有文化开发和创作的潜能，是文化产业的孵化基地，建立健全文化产业服务体系，加强地方文化产业的研究力度，加快产品研制和市场投入速度，力争推出一批具有地方文化特色、彰显地方风土民情的文化产品。

一个地方的文化高度也取决于它拥有什么层次的文化交流，这一因素至关重要。地方文化总是在不断地发展，时刻反映着当地民众的需求和利益，体现了社会群众对真善美的追求。地方高校应该在课程开设、专业设置、学科培养以及校园文化交流与发展等方面，融入地方优秀文化和人文情怀等元素，充分利用地区内的信息资源、人才资源和知识资源，发掘与培养具有地区特色的新思想、新知识和新文化。

在研究地方文化特色的基础上进行地区文化交流。科学研究的发展离不开各地方高校之间的文化交流，地方特有的文化特色对地方高校特色学科的建设产生一定影响。地方文化特色是一种宝贵的文化资源，围绕地方特色文化开展学科建设和科学研究，不仅可以提高地方高校在特色学科建设上的竞争力，而且能够推动地方特色文化的传承与发展。

在人才的文化性上开展地区文化交流。一方面，地方高校的教师来自全国各地，学生也来自不同的省市，不同地方、不同区域的信仰、观念和文化存在较大差别，地方高校师生在这种环境与氛围中势必会形成其特有的文化。不同地区人才的整合不仅有利于不同文化的交流，还有利于促进地方高校人才培养制度的改革与创新。另一方面，地方高校所处地区的经济结构存在显著差异，各地区之间人才的文化差异也十分突出，所以，地方高校在课程设置和校本课程的开发上，既要考虑地区人才的文化差异，又要想办法融入新的文化和价值观念，通过培养文化人才发挥地方高校的辐射作用，促进地方文化之间的合作与交流。

在地区文化交流时汲取对地区有益的文化。将各地区有益的文化融入地方高校的教学与科学研究，从中汲取养分和能量，推动地方高校文化与地方文化的高度融合，实现地方文化的内部转化。地方高校应该全力发挥文化辐射的作用，源源不断地向外输出新思想和新理念，培养道德水平和文化水准兼具的复合型人才，提高先进文化的影响力，丰富地方群众的精神文明，提升整体文化素质。

第六章　地方高校服务区域经济发展思路研究

第一节　地方高校与区域经济发展的联系

地方高校作为教育、科技、文化、人才培养的机构，它是推动地方社会发展的重要力量，而且与服务地方社会存在紧密的联系，二者相辅相成、协同发展、互惠互利。笔者从高校是助推区域一体化发展的主要动力，高校是解决区域发展不平衡不充分的关键要素，高校是实现社会区域空间发展战略的重要推手三方面进行分析研究。

（一）高校是助推社会区域一体化发展的主要动力

地方高校的经济发展水平不仅取决于社会发展的各种要素，还受人才培养、科学研究以及文化传承的制约。其中，人才是社会发展的核心动力，科学技术是第一生产力，二者是社会区域经济发展的重要组成部分，应引起地方政府的重视。社会区域发展一体化的本质就是使地方高校的高等教育、科技成果、学科建设更好地服务于社会，充分发挥地方高校的服务和生产职能，逐步完善社会区域一体化，因此，地方高校的发展将对社会区域经济一体化产生直接影响。

1. 地方高校对社会区域一体化发展发挥支撑作用

在知识经济时代，社会区域经济的发展水平不再局限于积累的财力、物力，而在于知识的推动效应，知识是社会区域活动的驱动和载体，这使高素质、创新型人才和先进、创新的科技成果显得尤为重要，地方高校因此成为服务社会发展的核心支撑。地方高校不仅可以输出高层次人才，还可以吸引高层次人才，高校科研成果的转化能够进一步满足社会区域一体化、市场开发一体化等发展需求，还可为社会区域发展的薄弱环节提供一体化服务；地方高校还可支撑社会企业产业、区域功能的合理划分，调整社会发展模式，塑造社会区域自身的特色。同样，社会区域一体化对地方高校来说也是一种机遇，随着社会区域一体化的深入发展，地方政府将政策、资源等提供给地方高校的学科、专业、科研等，如此，地方政府与地方高校的交流和沟通越来越多，促进地方高校人才培养目标、学科设置、研究方向、科研成就等各方面的完善和提高，使地方高校适应社会区域的发展，优化自身的特色学科专业以及更好地服务于社会的发展。

2. 高校对社会区域发展发挥的引领作用

近年来，虽然部分区域已经步入区域一体化阶段，但我们对区域一体化的认识还是比较模糊的，例如，总是根据现有的有限的认知和经验而分步骤地达到理想性的效果或阶段性的发展目标。地方高校作为社会区域经济发展趋势的引领者，它要确保社会区域经济发展的阶段性和长期可持续发展目标。地方高校不仅要利用自身的知识、技术探索和勾画社会区域经济发展的蓝图，还要在科学研究的过程中不断推动社会生产力向前发展，进而促进区域产业结构的完善，以及孵化出更多符合区域发展和服务社会的企业。地方高校可以培养人才，并对人才加以引导，如此在服务社会发展的基础上会逐步超越现实，进而实现跨越式发展。社会区域经济的发展程度越高，越需要高校培养高质量、创新型人才来打破这一局面，如此才能更好地服务社会

3. 高校具有显著的利润溢出优势

社会区域一体化要想实现稳定、可靠、可持续发展，它不仅依靠区域内部政治、经济、文化等多方面的贡献，还要在区域外部吸收更多的思想和资源。尤其是当地方社会区域经济发展到一定阶段，如若停滞不前，经济必然不会发展，相反还会倒退，这意味着社会区域不能封闭、不能独立，而应吸引外界的人才、科技成果等。然而，由于各种各样的原因，外界资源的引进存在一定困难，而地方高校跨地区与外界资源的所属区进行交流，从而形成沟通的桥梁，为资源引进提供便捷服务。地方高校的溢出效果不仅可以使仪器仪表、人才、科研成果进行扩散、交换以及辐射到高校的周边地区，还可将区域的科学技术、管理人才以及企业的实践项目引入学校，为以后学生的实践能力奠定基础。地方高校要通过自身的特色资源、科研成果以及雄厚实力，吸引国内高水平的行业领先者、专家、教

授来区域进行交流、授课甚至提出合理化规划，为社会区域一体化储备先进知识分子和高层次人才。

（二）高校是解决区域发展不平衡不充分的关键要素

随着经济的快速发展，国内不同区域发展的绝对差距慢慢缩小，但从总体发展格局来看，国内不同地区的发展仍存在不平衡不充分的问题，因此，新时代区域社会发展面临的仍是不同地区的不平衡、不充分问题。区域的资源配置和聚集的效率不统一，造成区域分化严重，区域内的经济发展不平衡。从长远发展的角度来看，国家援助只能是杯水车薪，因此，加强区域经济的建设需要调整区域内资源、技术的配置以及吸引高层次人才，即加大欠发达地区的人才培养力度，提高科技创新、技术应用的能力，加上地方政府的引导和发达地区的支持，从而推动欠发达地区的经济发展，从根本上解决区域发展不平衡、不充分的问题。其中人才培养、科技创新、技术应用需要依靠地方高校来实现，同时还需要地方高校提高区域内人们的工作能力和思想认知，为区域发展储备人才，加强区域建设和提高创新能力，进而带动社会区域经济的整体发展。

国内高校教育资源在区域市场的影响力不足，造成社会经济发展水平相对较低，区域内高等教育资源分配不均衡，导致不同地方对区域发展的贡献能力存在差距。相对于社会区域其他领域发展不平衡不充分的问题，地方高校有更多克服困难的方法和途径。近年来，国家暂停了对地方政府的直接补贴，而是呼吁地方自我解决，自我补贴，但国家未停止对各地高校的人才培养、科学研究的支持。因此，为了解决区域经济发展的不平衡不充分问题，国家有必要对欠发达地区高校进行重点资助和扶持，即通过行政力量自上而下地配置资源，再由远及近地调运其他资源。同时在国家和其他区域的支持下，地方高校也要进一步对自身学科专业设置、办学理念、人才培养、科研建设进行完善，推动地方高校服务社会的发展，使地方高校与社会的实力相匹配，确保高校和社会同步发展。总的来看，大力支持地方高校的教育、人才、科技等发展目标，以及从技术、知识等方面进行联合发力，是从根本上解决区域社会经济发展不平衡不充分的策略，该策略不仅与新时代地方高校发展趋势相匹配，而且有利于推动区域教育、经济、文化的发展，更好地服务于社会。

（三）高校是实现社会区域空间发展战略的重要推手

随着步入社会主义经济建设新时代，我国面临着前所未有的挑战，其中主要困难之一是不同地方的高校服务社会的发展存在显著差距，造成一部分地方高校和社会经济发展太快，而其他地方高校和社会经济发展还处于中下游水平。因此，根据社会发展的特点、趋势，国家提出了基于社会区域多样化特征的区域经济发展战略，其中高校占据重要位置并发挥主导作用。

1. 区域高校协调发展关系到建设社会的内在要求

一般情况下，区域位置的划分依据是“均质性”和“结节性”。“均质性”指的是一定区域内的一致性，“结节性”指的是区域内部的合作、互补协调的共生关系。区域是一个特殊的社会经济发展复合体，其不仅受人口分布、金融经济、政治文化的影响，还受自然条件、生态文明等各种可控和不可控因素的影响，如此形成了不同区域之间的不同优势，客观上变成了区域之间竞争的优势。社会区域建设既要从区域不同的资源要素和自身实际条件出发，还要科学均衡发展，缩小社会区域内差距。因此，加强区域内高校、企业的合作、资源共享、资源分配，推动区域经济的迅速发展，这需要进一步加强区域的科技实力，强化地方高校、科研中心的基础研究，重点攻克关键核心技术，提高高校、企业的创新能力，加强高校技术人才、科技人才、应用人才的建设，优化科技创新生态。扩大地方高校与企事业单位之间的合作，提升社会整体的科技创新能力，凸显科技在区域经济建设中的重要地位。目前，地方高校的发展与社会发展不匹配，主要是因为地方政府对高校的限制相对较多，造成地方高校一直处于区域经济发展的附属地位，甚至有时地方高校是落后的。因此，发挥高校对区域经济发展的引领作用，培养创新型人才关系到高校服务社会区域经济建设实现。

2. 高校高质量发展是有效保障服务社会的关键

任何区域社会的发展都有其相对薄弱的环节，仅仅依靠基础设施建设和硬件资源的投资，短期成果显著，但无法实现长期利益。解决这一难题的关键路径是加大高校人才培养力度，进而满足社会建设的人力资本需求。如高校的教师免费培训计划和少数民族骨干计划。此外，还包括政府和地方高校牵头，为社会发展吸引高层次人才，如“西部计划”。准确地说，只有通过地方高校的高频支持，才能稳步提高人们的综合素质、思想、认知以及职业能力，同时还能让人们不断学习先进的知识、技术和理念，进而激活社会的内在发展动力。

3. 高校高质量发展是实现社会区域发展的重要引领

《中国教育现代化 2035》中提出的“坚持统筹推进”和“总体规划，分区推进”实施路径，都是通过地方高校与地方政府、企业之间的合作来推动社会发展，进而促进区域经济建设。因此，着眼于地方高校的发展，弥补地方建设的短板，再结合国家行政的援助以及吸引外部的高层次人才，区域落后的劣势可转化为后发优势，探索出一条属于自己的特色路线，最终实现地方高校与社会的均衡协同发展。

第二节　地方高校服务社会的局限性分析

地方高校服务社会发展，在地理、文化、社会关系、信息、成本等方面有很多优势，这些优势的存在意味着地方高校在服务社会发展方面有得天独厚的潜力。但长久以来，地方高校与社会如何实现主动服务、互相依靠的问题一直没有得到很好的解决，尽管部分地方政府提出了科教兴市、人才强市的战略，但这些战略在具体执行过程中，很难落实。部分地方高校过于注重校园环境建设，反而忽略了师资、学科、教学资源、科学研究建设，没有过多地服务当地社会经济，不能有效发挥高校人才、智力、信息的优势。而且，目前欠发达地区高校的基础性和引领作用尚未得到充分发挥，这些直接导致地方高校和社会在发展过程中严重脱节，严重阻碍了地方高校和社会的发展。

（一）忽视学生的主体作用，课堂气氛易乏味、沉闷

传统教学模式下，教师是课堂的主导者，学生是主要的参与者，造成学生学习的积极性和主动性得不到充分的体现，而且学生在课堂上遇到的问题不能及时提出，而是留到课后去解决。由于教师的教学和学生的学习是一个整体，如若老师所教内容有限，或学生的学习参与度不高，对学生日后的知识学习非常不利。

所以，传统教学模式下，学生的主体作用没有得到很好的发挥，造成学生的听课效率大大降低，学生的积极性受到一定削弱。

当前高校教育中，由于教学形式相对单一，课堂气氛沉闷，学生在听课的过程中容易出现分心或注意力不集中的情况，或部分学生搞小动作，这都是由于学生缺乏学习兴趣造成的。高校教育应认识到融洽活跃的课堂气氛对于学生学习的重要性，才能更好地解决上述问题。但如何解决？这就对任课老师提出了一定的要求。教师首先要具有自己独特的教学风格，让学生认可自己的教学，同时利用各种教学工具和资源来吸引学生的注意力。

（二）高校服务社会存在一定的功利色彩

近年来，国内部分高校和社会逐渐认识到高校服务社会相关职能的主要作用和优势，但一些欠发达地区以及思想观念相对落后的高校，对高校服务社会的理解和认识仍存在困难，而且与此类高校相关的社会服务普遍带有功利色彩。一是一些地方高校教师认为参加社会服务是一种降低自身地位的行为，有损自身形象，这种传统、落后的思想严重影响了社会服务的有效性。二是一些地方高校服务社会的过程中会获取一定利益，进而服务社会被赋予严重的逐利色彩，一味致力于营利性创收工作，从而放弃高校的科研创新，将大部分精力投入技术含量低、投资成本少、收益高的产业项目中。三是一些地方高校为了获得更多的教育经费，与地方企业进行短期的合作，反而忽视高校自身的发展和企业发展的可持续性，进而降低了服务社会的质量。四是一些地方高校把自身定位为短期的人才培养场所，忽视企事业单位的人才需求，开设热门专业，加大学科专业的建设力度，形成为钱办事的办学模式，极大削弱了高校的社会服务功能。由此可见，地方高校服务社会的现状不容乐观，对高校服务社会的发展产生负面影响，阻碍了高校的发展和建设。其不仅违背了服务社会的初衷，使高校服务社会的形象严重受损，而且脱离了社会主义核心价值观。

（三）高校服务社会与教学存在矛盾

高校的主要职能包括社会应用型人才的培养、从事相关学科的科学研究、良好社会服务体系的建设。从教育的角度看，三者是一个有机的整体，相互促进、相互依存。首先，科学研究的任务是促进教学的稳定发展，提高人才的输出以及人才质量。其次，地方高校服务社会的理论知识与实际有效结合，使高校培养的人才满足企事业单位的需求，同时具备很强的社会适应性。最后，地方高校服务社会要以人才培养为基础，不能与之产生矛盾。然而，部分地方高校在发展过程中，为尽快适应社会人才的需求，不断更新人才培养方案，严重影响人才培养的效果。

（四）高校服务社会与社会需求不平衡

由于地方高校自身能力的限制，社会服务范围相对有限。地方高校服务社会的根本目的是利用自身的人才、教育、科研、学科建设等力量，实现被服务主体的唤醒，最终完成高校服务社会性质的转变和方式的革新。但部分地方高校在服务社会中普遍面临自主发展困难的问题，尤其是在一些欠发达地区，高校数量少，研究机构数量不足，高校要承担科技振兴市场、教育引领社会经济的艰巨任务。如此一来，这些高校在服务社会发展时，服务对象往往处于弱势地位，但其期望值高，以致无法达到预期的效果。例如，地方一些面临破产倒闭的企业期待与高校合作来拯救企业，这直接给高校带来巨大压力，与高校服务社会发展的实践理念产生了很大的矛盾。同时，高校自身服务社会的定位不准确，接受超出高校自身范围且难以掌握和实现的社会服务项目，给高校未来的发展带来沉重负担，制约了高校的可持续发展。

（五）高校与社会的关联性不够密切

地方高校服务于社会区域经济建设取决于高校的培养目标和当地经济的相关性。若呈正相关，则高校培养的人才、技术成果以及教育均能促进当地经济的发展，引领高校服务于社会，且取得非常明显的效果；若呈负相关，则高校培养的人才就业失衡，学生实习和就业困难，高校的科研成果也难以转化为现实社会生产力，无法推动社会经济的发展，造成社会发展原动力不足。国内多数地方高校的专业设置、人才培养与其所属地的经济关联性较差，二者与社会经济需求不够契合。地方高校的传统专业与当地经济发展需求脱节，进而造成高校培养的人才无法在当地就业，无法服务于社会，高校却不忍放弃，对自身专业进行革新。当地社会企业的新兴行业、支柱产业、专业技术、企业管理等急需技术应用型、科技创新型人才，地方高校不仅缺少相关的基础设备，无法提高学生的实践操作能力，短时间内还很难建立人才队伍，充实到社会企业和市场中。因此，地方高校对学科建设、专业结构、人才培养模式以及办学理念进行调整，加大对社会领军人才的培养力度，增强其服务社会的发展是目前亟待完成的重要任务。

第三节　研究地方高校服务社会应用的方法

本书研究地方高校服务社会的发展，通过相关文献阅读积累理论知识，从多种渠道搜集地方高校教育、国家战略需求、地方高校社会服务战略、高校教育发展趋势和特点等资料，探讨地方高校社会服务战略的可行性，并以 B 大学为例，说明其社会服务战略的实施，总结其成功经验。本书通过分析地方高校与区域发展领域现存的一系列问题，提出地方高校赋予区域经济发展的策略。

本书主要以 B 大学为例，以 B 大学服务区域建设为主要议题，分析现存的问题及挑战，列举适用的具体措施和结果，阐述在实践中可能面临的一系列难题并剖析解决方案，最后将高校的现状与区域发展方向相结合，提出有效的路径和对策，本书主要采用文献研究法、案例分析法、调查研究法及实证分析法等研究方法。

（一）文献研究法

文献研究法通过阅读、调研及分析本领域其他学者发表的期刊和书籍等文印资料，掌握研究领域的基础信息、前沿观念及研究进展等，掌握他人研究信息可拓宽思路，为提出新观点及新理念提供思路。

研究者在使用文献研究法时，应提高文献检索及阅读效率并缩小检索范围，在对文献进行检索查新时，应归纳自己的研究领域及研究范畴，准确定义本研究的关键词或关键语句，通过合适的关键词进行相关文献资料的查阅和检索；在文献阅读时，研究者应先阅读基础性知识，掌握本领域相关的基础定义及范畴，对该研究领域有一个全面且详细的认识，为后文研究观点的论述打下坚实的基础；

文献检索和阅读时，研究者应尽可能与时政对接，检索本领域发表的新论文或书籍，尽最大努力探索得到本领域的新鲜资料及资讯，并且查阅和分析多角度、多观点的论文，分析其他研究者对本领域的学术见解，再结合自身的观点形成全新的研究思路；研究者要培养文献资料分类整理及归纳的习惯，善于应用文献管理类软件，对搜集的文献资料以时间或研究关键词进行标签注释，分级分类存放，按需查阅，这样可有效提高文献的阅读效率，并增强文献与文献间的情报关联度，提高论文的撰写效率。

在前期大量文献情报资料的调研积累的基础上，研究者要有针对性地选择与本研究密切相关的文献资料进行精读，在此过程中，可汲取文章作者的观点、关键数据、核心方法等，并将获取的关键信息通过图文方式分级分类记录下来，记录方式主要包括摘录、节取、批注或评论等。可根据与本研究的相关程度或作者的重视程度，采用色卡分类方法对已分级的信息再次区分，并在对应位置做好书签记录，以保证阅读的有效性、记录性和可取用性。对重点文章语句进行摘录和评价时，一定要联系上下文和文内的关键数据，切记不要断章取义，不要肆意拼凑或改变作者的观点和思想。在摘录时，还要注明观点的出处和作者的相关信息，可采用参考文献注释的方式进行批注，包括但不限于文章名称、作者、时间及页码等，方便日后论文引用及评价，对重要观点的评价还可以激发研究灵感，提高本研究的效率。

（二）案例分析法

案例分析法是对一个或多个事件和对象进行深入和全面的研究。研究形式多样，可通过网络采集和现场观察获得相关数据，形成案例。本研究案例的选择主要有两个原因：首先，中国有许多地方高校，很难理解所有地方高校社会服务战略的具体实践；其次，通过案例研究，可以更好地了解地方高校服务社会的实践经验。本研究选取 B 大学作为个案高校进行分析，主要基于两种考虑：第一，B 大学经济社会发展研究中心是该校直属的试验研究机构，是发挥该校社会服务职能的重要部门，主要开展与区域经济、城市规划、社会发展和企业管理密切相关的各种应用研究。其次，B 大学是地方高校的典型代表，选择 B 大学作为个案对象是合理的。本书通过网络采集和现场观察等方法搜集 B 大学社会服务战略的实施情况，总结B大学社会服务战略存在的问题，并分析其原因，为地方高校社会服务战略的实施提供参考。

（三）调查研究法

调查研究法是进入实地环境，了解客观事实的发展，获取真实、有效的研究数据，然后整理、汇总、分析相关数据。本研究对B大学及周边等地进行了实地调查，并编制了访谈大纲。访谈对象为B大学及周边机构相关负责人，以及B大学95名学生，主要地点包括办公室、教室、会议室、实验室，获取第一手资料，深入了解B大学的具体实施情况。

（四）实证分析法

实证分析法针对的是当前社会中的现实问题，是处理科学问题属性的重要研究方法之一，主要通过实际案例和过往经验对目标进行合理分析。实证分析法还需要针对分析失误的具体特性，采用合适的分析工具，如逻辑分析规律、经济建设模型和各种假定模型等。实证分析法主要倡导科学研究的客观性和通用性，同时强调所分析的内容或拟推导的逻辑建立在一定的事实或相关经验基础上，通过对实物进行有效的合理的分析，最终得出或揭示目标的结论，通俗地讲，实证分析法依赖大量案例和历史经验。

实证分析法涉及必要的研究、讨论及结果分析。地方高校服务区域经济建设及发展这个命题，既是理论问题，也同样具有实践的难点、痛点，基于上述特点，本书通过实证分析法对服务区域建设的关键领域进行分析和论证，得到所需的相关规律，并为后文提出的策略及发展方向等提供理论及数据支撑。

第四节　地方高校服务社会的研究思路

地方性是指地方高校办学理念的显著特点，地方高校要实现可持续发展战略，必须充分考虑自身的教育、科研、学科、专业等综合实力，而且对推动地方社会经济发展有不可推卸的责任。社会区域经济的发展决定了地方高校发展水平的高低，对高校的学科和专业建设有引导作用，因此，地方高校要一直保持与社会区域经济同步发展，设立适合自身的学科、专业以及办学宗旨，培养适合地方高校所属区的人才，满足地方社会经济的发展需要，积极促进科研成果的转化，推动地方企业、科研中心的技术创新，实现地方高校与社会区域经济的协调发展。

应用型高校是区域经济发展的迫切需求，其不仅推动地方社会的科技进步，还为地方经济的发展源源不断地提供人才，为当地社会储备人才。地方高校要对人才培养、课程改革、专业建设、师资队伍、科学研究等各个方面进行综合性改革，为社会发展的核心行业培养技术应用型人才，如此一来，地方高校在稳步持续发展的同时，地方社会的经济也得到快速发展。地方高校可根据自身建设和社会区域发展的程度选择不同的培养模式。例如部分高校将向学生传授理论知识转向培养应用技能，提高学生的实践操作能力；还有的高校多次修订本科的人才培养方案，对课程的授课体系和教学内容进行改革，构建新型的本科人才培养模式。

地方高校要更好地转型，为新时代的社会服务，促进地方经济建设和快速发展，需努力发挥自身的人才和资源优势，增强与区域经济协同发展的有效性，必须从提高地方高校自身办学水平、办学实力和办学环境三方面入手。地方高校为社会经济发展和国家战略需要服务有效下沉实践，本领域包含众多的建设理念和发展思路，要准确理解国家发展的大方向，有效调整学校建设的主导思想；高校要有系统的思想、全面的规划和积极的行动，还要有政府的支持和援助；满足社会经济发展和国家战略的需求不仅是研究型高校的问题，也是地方高校的问题。地方高校要结合自身的特点和优势，在全面建成小康社会的过程中继续发挥作用，实现自身发展与国家现代化建设的“同频共振”，根据区域经济发展的特点和趋势，建立具有地方特色的高校，为适应地方高校服务社会战略和国家战略需求，创造良好的发展前景。在地方高校层面上，既要更新办学理念，提高人才培养质量，加强优势学科建设，又要优化教师结构，提高科研实效性和主动性，积极有效提高地方高校服务区域经济发展的能力。

第七章　B大学与所属地发展分析

第一节　B大学与所属区域经济发展分析

（一）B大学发展现状和前景

B 大学是 B 大学所属省份省政府出资建立的综合性大学，成立于 1950 年，坐落于有着悠久历史的渤海沿岸城市——B 大学所属地。近年来，B 大学致力于为当地的发展和建设服务，并取得了一定的成就。

1. 发展现状

到 2022 年，B 大学占地面积已超过 2250 亩，总建筑面积达到 60 万平方米。本科招生专业 53 名，初级学科硕士学位授权点 18 个，专业硕士学位授权点 10 个，涵盖经济、法律、教育、文学、历史、哲学、科学、工程、农业、管理、艺术等学科。校园内有近 23000 名全日制硕士生和本科生。

B 大学有完善的基础设施，馆藏图书 293 万本，仪器设备完全可以满足教学和科研的需要。校园环境优美，树木翠绿。2019 年 B 大学被评为“最美校园”。享有“国家绿化示范单位”“绿化示范单位”“校园绿化示范学校”“安全文明校园”“生态文化教育示范基地”的称号。2021 年 B 大学被评为“节水大学”。笔者从师资、学科建设、就业率、外交合作和科研成果五个方面阐述了 B 大学的现状。

B 大学有 1200 多名全职教师，其中包括 200 多名教授和 450 多名医生。全日制教师中，有“国家科技进步”二等奖获得者、“国家高水平人才特别支持计划”获得者、“国家杰出青年基金”获得者、“国家十万人才计划”获得者、“国家优秀教师”获得者、“教育部优秀人才支持计划”获得者。多人获得B大学所属省份攀登学者、优秀教授、“哲学社会科学领军人才”，有近100位年轻顶尖人才，等等。

B大学拥有11个国家一级专业建设场地，24个省级一级专业建设场地，18个国家和省级特色（示范）专业和试点专业，8个师范专业通过教育部师范专业二级认证。B大学建成国家级和省级一流课程59门，国家级和省级优质教材24门，教育部近300个产学研合作项目、教育改革项目和省级教育改革项目，获得60多项国家级和省级优秀教学成果奖，位居全省一流大学之列。B大学共有7个省级教学科研团队，8个省级实验教学研究示范中心，1所国家现代工业学院，2所省级现代工业学院。根据科睿唯安于2021年11月发布的最新ESI数据，B大学的4个学科（农艺学、化学、工程学和计算机）已进入全球ESI学科的前1%；在2021年全国最好的软科学学科排名中，B大学有5个学科位居前50%，在B大学所属省份高校中排名第九；在2021年世界软科学一流学科排名中，B大学有4个学科入选世界一流学科前500名。高校毕业生就业率保持在90%以上，被教育部授予“全国典型研究生就业学院”称号，居全国就业前50名。

B大学与韩国、俄罗斯、日本、巴基斯坦、布隆迪、中非、波兰、英国、法国、美国、蒙古、意大利等国30多所大学和教育机构建立了合作关系。以东北亚为基地，建立了辐射日本、韩国、俄罗斯、蒙古等国家和区域研究平台，与波兰华沙生命科学大学合作举办中外食品科学与工程本科合作教育项目，开展中外生产导师合作培养硕士研究生国际项目。在教学科研方面，努力打造面向中外人民文化交流平台和科研合作创新机制。除了接收多个国家和地区的40多名留学生外，还定期派出学者举办讲座。同时选择中青年教师和优秀学生出国留学或攻读学位。

“十三五”规划以来，B大学全体教师主持完成国家两金项目、科技部、教育部及所属省份重大科研项目等2699个科研项目（含419个国家级项目），取得各项科研成果1690余项；发表论文15600余篇，被SCI、EI和CPCI收录论文近4600篇；发表学术著作770余部，获得发明专利567项。

2. 发展前景

在培养人才、科学研究、社会服务和文化发展四项基本职能中，社会服务功能具有整合其他三大功能的作用。而高校是社会服务发展不可替代的战略资源和内生力量。其功能的充分发挥，不仅关系到中国高等教育梦的实现，也关系到中华民族伟大复兴中国梦的实现。

B 大学是培养人才的场所。它承担着自力更生和自我完善的艰巨任务。B 大学要建立高校、政府、基础教育学校、科研机构和企业之间的合作共生平台，深入构建产业大学基础教育高质量发展研究体系，以及“政府、产业、教育、研究与利用”相结合的科研实施体系，整合科技创新，将人才培养与市场机制有机结合，推动科研组织范式由“自上而下”向“自下而上”转变，组建高校和基础教育学校的师生科研创新团队。完善师生人才培养模式，共同建设科研队伍，把高校与社会基础教育的高素质发展相结合，面向世界科技前沿和国家重大需求，加强科研创新共同体建设，落实“联结过去、开放未来”的运行机制，引导师生在科研活动中展示能力。激发师生的科研热情，充分发挥科研成果在教育人、服务社会方面的作用，面向未来培养基础教育创新人才，为我国全面建设小康社会提供强有力的人才保障。

在科技日益进步和经济快速发展的大背景下，B 大学的内生创新需要从地方实际情况出发，注重在不断更新的理念下组织科研的社会效应，寻找一条适合自己的发展道路，促进社会基础教育的高质量发展，增强人才资源开发的综合实力。在为社会基础教育发展服务的过程中，B 大学提高了资源凝聚力和自我造血能力。借助联合组建科研团队的有效平台，培养学生的科研兴趣，使其在发现问题后能够独立思考，并通过自己的分析解决问题，这种独立解决问题的成就感极大地激发了他们的研究热情。在有组织的科研活动中，学生通过自主承担科研任务进行研究性学习，这有利于学生早日进入相关科研领域，了解最新的科研前沿和科研趋势，为挖掘人才资源潜力打下良好基础。

首先，提高开放意识，注重协调联系。在信息化时代，B 大学需要以冷静的态度开展教育工作，但冷静的态度不代表封闭和保守，而是强调高等教育发展应遵循客观规律，带着责任感打开“象牙塔”的大门。致力于发展社会关怀、民族需求和人才培养，依靠高校人才资源和科研平台，以实现中国特色社会主义现代化建设的历史使命，实现中华民族的伟大复兴，为民族地区基础教育的高素质发展贡献高校的智慧和力量。其次，突出自身优势，加强现有资源整合，加快“双一流”建设，积极整合人才、科研、教学、实验等平台资源，以服务社会改革和发展的创新领域为重点，提高高等教育实力和学科建设整体水平，在学科“高原”的支持下会聚优秀人才。

B 大学应当设立为社会服务的专门机构，将社会服务纳入学校规划，保证必要的财政支持。同时设立工作领导小组和服务社会的工作中心，协调 B 大学具体落实学校的社会服务。教师要做好社会工作，率先完成为社会服务的任务，把专业教学与专业实践相结合，组织学生服务社会的各种形式和活动，培养学生的服务意识和服务能力。

（二）B大学所属地经济的发展现状和前景

1. 发展现状

B 大学所属地各级市委市政府在党的二十大会议精神的领导下，坚持以习近平新时代中国特色社会主义思想为指导，深入贯彻党的十八大、十九大和十八届、十九届历次全会精神，全面落实习近平总书记关于东北、B 大学所属省份振兴发展的重要讲话和指示精神，立足新发展阶段，完整准确全面贯彻新发展理念，主动服务和融入新发展格局，攻坚克难，苦干实干，B 大学所属地全面振兴全方位振兴取得新进展、新成就。

国内生产总值从 2012 年的 800.9 亿元增至 2021 年的 1148.3 亿元。按可比价格计算，2021 年国内生产总值增长了 347.4 亿元，是 2012 年的 1.4 倍。党的第十八次全国代表大会以来，年均增长 3.5%。

财政实力稳步增强。2021 年财政收入达到 109.4 亿元，比调整预算的 106.5% 增长 5.1%，同比增加 5.3 亿元。其中，各项税收达 69.5 亿元，同比增加 2.9 亿元，增长 4.4%；增值税 26.8 亿元；企业所得税 5.5 亿元；个人所得税为 1.6 亿元。2021 年，一般公共预算支出达到 213.5 亿元。一般公共服务支出为 21.5 亿元，比 2012 年增加 2000 万元；社会保障和就业支出为 44.7 亿元，比 2012 年增加 7.1 亿元。

需求结构不断改善。党的十八大以来，B 大学所属地努力解决基础设施薄弱、基础设施产业薄弱等发展瓶颈问题，不断加大对交通、房地产等基础设施和基础设施产业的投入，为城市经济持续健康发展奠定了坚实的基础。开发潜力不断积累。2021 年，民营投资和高科技产业投资高速增长，分别达到 23.2% 和 39.8%。消费市场蓬勃发展。2021 年，消费品零售总额达到 364.6 亿元，是 2012 年的 1.4 倍，党的十八大以来，年均增长 4.2%。

协调推进区域发展。B 大学所属省份中心城市作用不断增强，沿海、县域、城区协调发展，加快了港口工业和开发区高新区的技术创新和发展步伐。黑山县被列入国家新城镇化试点县，被评为国家“特色城镇”，凌海市被评为国家“绿色农业发展试点地区”。庞河、沟帮子、大有、七里河、汤河子等开发区已成为县域经济示范区，突出显示了中街石里商业街的服务业集群区域。2021 年，B 大学所属地 GDP 占全省 GDP 的 4.2%，占 B 大学所属省份五市 GDP 的 23.6%。县域经济稳步发展。2021 年，县域 GDP 占全市 GDP 的 43.8%。

坚持“引进来”与“走出去”相结合。对外贸易规模、领域不断扩大，对外贸易水平、开放水平逐步提高并取得长足发展。金州积极推进西池新金路海峡建设。2021 年，B 大学所属地港的货物吞吐量为 10，383.6 万吨，集装箱吞吐量为 183.2 万标准箱，比 2012 年分别增加 3028.8 万吨和 9.63 亿标准箱。B 大学所属地港保税物流中心（B 类）关闭运营。2021 年进出口总额达到 128.8 亿元。

初步核算，2021 年 B 大学所属地实现地区生产总值（GDP）1148.3 亿元，按可比价格计算，比 2020 年增长 6.2%。其中，第一产业增加值 212.9 亿元，增长 5.5%；第二产业增加值 296.4 亿元，增长 2.2%；第三产业增加值 639.0 亿元，增长 8.1%。全年人均地区生产总值 42063 元，比 2020 年增长 7.9%。

2021 年，B 大学所属地粮食作物播种面积 36.4 万公顷，比 2020 年增长 1.3%。全年规模以上工业增加值按可比价格计算，比 2020 年增长 4.1%。全年全社会建筑业总产值 97.7 亿元，比 2020 年增长 3.7%。全年固定资产投资比 2020 年增长 7.1%。全年社会消费品零售总额 364.6 亿元，比 2020 年增长 15.2%。全年进出口总额 128.8 亿元，比 2020 年下降 9.5%。全年一般公共预算收入 109.4 亿元，比 2020 年增长 5.1%。全年旅游总收入 140.6 亿元，比 2020 年增长 39.5%。全年接待国内外旅游者 1983.5 万人次。

2021 年，粮食总产量 261.5 万吨，比 2020 年增长 16.4%。其中，玉米产量 226.9 万吨，比 2020 年增长 17.6%；水稻产量 28.7 万吨，比 2020 年增长 8.3%。全年油料产量 22.3 万吨，比 2020 年增长 12.8%。全年蔬菜及食用菌产量 265.6

万吨，比2020年增长2.3%。全年水果产量81.9万吨，比2020年下降6.7%。

全年肉类总产量55.4万吨，比2020年下降27.5%。其中，猪肉产量29.3万吨，牛肉产量6.1万吨，羊肉产量1.4万吨，禽肉产量18.2万吨。全年禽蛋产量21.1万吨。全年奶类产量22.3万吨。全年生猪出栏340.1万头，牛出栏27.1万头，羊出栏74.0万只，家禽出栏9899.4万只。

全年水产品总产量（养殖和捕捞）18.3万吨。其中，海水产品产量16.5万吨，淡水产品产量1.8万吨。全年水产品养殖面积3.8万公顷。其中，海水养殖面积3.6万公顷，淡水养殖面积0.3万公顷。

全年人工造林面积5286.7公顷，封山育林面积5733公顷。其中，三北及沿海防护林工程完成人工造林2006.0公顷，全年育苗面积767.7公顷。

2021年年末，农业机械总动力273.8万千瓦，农业机械化综合水平提高到92.9%（主要农作物机械化水平）。全年机耕面积629万亩，机播面积623.9万亩，机收面积555.8万亩。

全年社会消费品零售总额364.6亿元，比2020年增长15.2%。

从经营地看，全年城镇消费品零售额320.3亿元，比2020年增长15.3%；乡村消费品零售额44.3亿元，比2020年增长15.1%。

从消费形态看，全年商品零售额331.7亿元，比2020年增长14.8%；餐饮收入32.9亿元，比2020年增长20.1%。

在限额以上批发和零售业商品零售类值中，全年汽车类零售额36.7亿元，比2020年增长8.9%；石油及制品类零售额32.8亿元，比2020年增长28.7%；粮油、食品类零售额19.1亿元，比2020年增长20.8%；服装、鞋帽、纺织品类零售额11.6亿元，比2020年增长9.6%；家用电器和音像器材类零售额10.0亿元，比2020年增长0.4%；中西药品类零售额8.4亿元，比2020年增长2.6%；金银珠宝类零售额3.7亿元，比2020年增长17.2%；日用品类零售额2.3亿元，比2020年增长26.7%；烟酒类零售额1.8亿元，比2020年增长17.9%；通信器材类零售额1.6亿元，比2020年增长21.5%；饮料类零售额1.3亿元，比2020年增长52.8%；化妆品类零售额1.0亿元，比2020年增长8.9%；文化办公用品类零售额0.5亿元，比2020年下降20.2%。

全年进出口总额128.8亿元，比2020年下降9.5%。其中，出口总额84.0亿元，比 2020 年增长 119.3%；进口总额 44.8 亿元，比 2020 年下降 56.9%。外商直接投资 593.0 万美元。其中，第二产业外商直接投资 431.0 万美元，第三产业外商直接投资 162.0 万美元。

全年公路货运量 17916.0 万吨，比 2020 年增长 24.4%；货物周转量 257.3 亿吨 / 公里，比 2020 年增长 22.6%。公路客运量 713.0 万人，比 2020 年下降 72.9%；旅客周转量 3.8 亿人 / 公里，比 2020 年下降 73.0%。

2021 年年末，全市拥有公路旅客营运车辆 1077 辆，其中班车 867 辆，包车 210 辆。拥有公路货物营运车辆 42771 辆，出租汽车 5573 辆，民用汽车保有量 55.3 万辆，其中私人汽车 53.6 万辆。

全年 B 大学所属地湾机场航班运输起降 2452 架次，比 2020 年增长 33.7%。旅客吞吐量 22.7 万人次，比 2020 年增长 32.2%。货邮吞吐量 501.7 吨，比 2020 年增长 31.7%。B 大学所属地湾机场通航城市 7 个，航线 5 条。

全年水运货运量 82.3 万吨，比 2020 年增长 66.6%；水运货运周转量 6.3 亿吨 / 公里，比 2020 年增长 71.3%。港口货物吞吐量 10383.6 万吨，比 2020 年下降 2.4%。集装箱吞吐量 183.2 万标箱，比 2020 年增长 11.5%。

全年邮政业务总量 8.9 亿元，比 2020 年增长 45.8%。邮政业务收入（不包括邮政储蓄银行直接营业收入）8.1 亿元，比 2020 年增长 27.3%。全年邮政函件业务 44.5 万件，比 2020 年增长 0.02%；包裹业务 0.5 万件，比 2020 年下降 31.9%；报纸业务 2299.5 万份，比 2020 年增长 1.5%；杂志业务 199.1 万份，比 2020 年下降 13.2%；汇兑业务 0.4 万笔，比 2020 年下降 67.5%；快递企业业务量 6649.1 万件，比 2020 年增长 84.9%。全年电信业务总量 22.4 亿元，比 2020 年增长 27.4%。固定电话用户 35.2 万户，移动电话用户 298.3 万户，互联网宽带接入用户 97.5 万户。

全年旅游总收入 140.6 亿元，比 2020 年增长 39.5%。其中，国内旅游收入 140.5 亿元，比 2020 年增长 40.3%；入境旅游收入 183.4 万美元，比 2020 年下降 81.1%。全年接待国内外旅客 1983.5 万人次。其中，接待国内旅客 1983.3 万人次，比 2020 年增长 51.4%；接待入境旅客 0.2 万人次，比 2020 年下降 81.1%。

全市星级饭店 15 家。旅行社 40 家，旅行社分社 23 家，旅行社网点 76 家。全市 A 级旅游景区 33 个，其中，4A 级旅游景区 13 个。

全市共有各级各类学校 949 所，在校学生 36.5 万人。全市普通高校 9 所（含独立学院），在校学生 9.9 万人，其中研究生 3027 人，在校生 7637 人，毕业生 1979 人；中等职业学校 9 所，在校学生 1.6 万人；普通高中 28 所，招生 1.4 万人，在校学生 4.3 万人，毕业生 1.3 万人；初中 100 所，招生 1.9 万人，在校学生 5.8 万人，毕业生 2.1 万人；小学 217 所，招生 1.5 万人，在校学生 10.3 万人，毕业 1.9 万人；幼儿园 578 所，在园幼儿 4.5 万人；特殊教育学校 8 所，招生 88 人，在校学生 504 人，毕业生 106 人。

全市拥有国家级高新技术产业开发区 1 个，省级高新技术产业开发区 1 个；国家农业科技园区 1 个，省级农业科技园区 1 个。全年高新技术企业 188 家，比 2020 年新增 37 家；国家科技型中小企业 361 家，比 2020 年新增 112 家；省“雏鹰”企业 56 家，比 2020 年新增 24 家；省“瞪羚”企业 22 家，比 2020 年新增 7 家；省重点实验室 25 个，比 2020 年新增 1 个；省产业专业技术创新中心 38 个，比 2020 年新增 4 个；省临床医学研究中心 2 个；市产业共性技术创新中心 7 个、市产业专业技术创新中心 85 个。国家备案众创空间 4 个、省备案众创空间 4 个；国家备案星创天地 3 个、省备案星创天地 12 个。全市发明专利有效量 1083 件，国内专利授权总量 2347 件，其中发明 196 件。1 个企业被评为“B 大学所属省份知识产权优势企业”。2021 年年末，获得资质认定的检验检测机构 113 个，法定计量技术机构 11 个。全年制定、修订地方标准 4 项。技术合同交易额实现 21.3 亿元，比 2020 年增长 12.4%。

2. 发展前景

受国际环境影响，经济发展面临严峻的挑战。目前，疫情已在全国许多地区出现，国内房地产和制造业大幅下降。随后出现了一些负面事件，导致国内经济增长不理想，导致部分地区经济拥堵，并影响该地区的发展。尽管 COVID-19 的毒性低于前两年，但目前的疫情情况是变化的。在逐步恢复经济的同时，国家也应关注 COVID-19 的变化，并制定计划和措施应对 COVID-19 的复发。这不仅是我国面临的变化，也是对 B 大学所属地的区域经济发展提出的新要求。

在实施新的发展理念方面，以深化改革、优化经营环境为中心，组建市国有资本投资运营（集团）有限公司，优化产业结构，提升信用等级。重组旅游集团和粮食集团、物流集团。推进国企“三项制度”改革，建设现代企业制度。完成五大领域执法体制改革。坚持“办事方便”“法治良好”“成本竞争力强”“生态宜居”四个维度，创造以市场为导向、法治化、国际化的新格局；以创新和发展为中心，强化新势头，积极引进华为、字节跳动、京东、正大等知名企业，推动地方企业形成创新生态系统，形成一批具有国际竞争力的创新实体；以区域协调发展为重点，布局沿海、县域和城市“三大经济部门”，推进沿海起飞、县域崛起和城市振兴，提高城市经济总量，重点加强协调发展“五大工程”建设；以扩大开放为中心，深化日本、韩国东北亚经济圈，推进B大学所属地港腹地新陆、新海道建设，推动全区向海，融入国内大周期新发展格局。积极参与国内国际双循环，在高水平对外开放上取得新突破，坚持“走创新路、吃技术饭”，善于用创新思维、全新理念出新招、抓项目、解难题、促发展；实施创新驱动战略。着力优化用政策留人、事业留人、环境留人的创新创业生态。发挥驻B大学所属地高校桥梁纽带作用，实施“百企联百校”行动，组织100户企业与国内外100所高校建立30家“雏鹰”“瞪羚”“独角兽”等高成长性科技企业。坚持绿色发展，努力建设绿色工业生态、自然生态和适合生活、工作、维护、旅游的生态城市；秉持民生共享和发展的原则，进一步推进“城市建设”，努力改善人居环境，加强社会治理创新，巩固军民合作成果。

在体现高质量要求方面，B大学所属地着力推进经济体制优化升级，推动第一、第二、第三产业协调发展，强化和扩大工业经济，着力打造“8+3”产业布局，坚持“质量替代、总量翻一番”原则，增加第二产业比重。同时，继续推进农村“三变”改革，加强B大学所属省份区域中心城市建设，加快文化、卫生、教育、金融发展。建设交通物流“五个中心”，将提高B大学所属地能源水平和核心竞争力。

在坚持规划项目定位方面，B大学所属地详细规划了近500个基础性、全局性、战略性重大项目，总投资约3500亿元，主要包括工业“8+3”工业、农业、服务业、基础设施、环保、社会事业、民生等，支持和保障规划顺利实施。强力推进沿海经济发展。主动融入B大学所属省份沿海经济带协调发展，依托B大学所属地以及周围的石化产业优势，拉长产业链，大力发展精细化工产业。深化与苏州、常州等地对口合作，高标准规划、高标准建设、高标准招商、高标准管理、高标准服务、高质量发展滨海新区化工产业园，实现落地项目20余个，完成投资 200 多亿元。全力推进 B 大学所属地港至石化管线工程建设，推动大有经济开发区中国兵器集团北方能源基地、北镇精细化工产业园项目建设，全力打造世界级石化和精细化工产业带“B 大学所属地基地”。

在争取省级规划布局方面，B 大学所属地政府部门积极与省级发展改革委和其他部门沟通，争取把当地更多的发展方向、产业布局和重大项目纳入省级“十四五”规划。全力推进产业振兴，做好“老字号”“原字号”“新字号”结构调整，实现“质量替换、总量翻番”；构建一、二、三产业与沿海、县城协调发展格局；突出“能耗双重控制”要求，淘汰能耗高、排放量大的项目，实现低碳绿色发展；深入融入国民经济发展战略，坚持“走出去”和“引进来”相结合，积极推进工业事业和对口合作；分享经济发展成果，让 B 大学所属地人民过上更幸福的生活。

第二节　B大学服务所属区域现存的问题

通过分析 B 大学及其所属地的经济发展现状，B 大学服务社会的职能不断加强，但目前 B 大学服务所属地区在教育、学科专业、科研等方面仍存在问题，笔者从校地信息不对称，专业设置缺乏市场导向；专业特色不明显，专业人才不足，优势不突出，B 大学参与区域经济社会发展的程度不够以及地方科研能力不足，校企合作未形成长效机制四个方面进行详细论述。

（一）校地信息不对称，专业设置缺乏市场导向

一是 B 大学建立的各学科专家库仅涵盖部分学科，地方政府收集的各种科技需求数据仅对地方免费开放，未对 B 大学开放此功能。二是 B 大学与当地联合开办学术研讨会相对较少，无法实现高校理论与地方实践的有效融合、交流和互补。三是科技成果展示少，B 大学在当地开办讲座、举办展览时，其科学技术、科研成果、服务社会经济发展的应用型技术等展示少，不能及时促进科学技术、科研成果的宣传和推广。四是 B 大学与地方人才交流匮乏，一方面，B 大

学的教师不了解当地学生的实习、就业情况，更不清楚职业的发展情况；另一方面，地方企业的专业技术、管理人员未到B大学进修，缺乏社会实践理论，导致B大学与地方企业之间人员的流动少，交流少，阻碍了社会区域经济的发展。五是缺少联络机构，B大学与地方政府、部门、企业的项目对接困难，资源、信息无法及时共享、互通。

近年来，B大学的专业设置、专业结构、专业机制等不健全，缺乏动态的专业设置，盲目增加部分“热门”专业，甚至在缺少专家研讨、论证以及市场大数据调研的情况下就大规模招生，造成B大学部分专业招生少，最后成为薄弱专业，得不到当地社会、政府、企业的重视。以会计专业为例，目前，B大学所属地的企业单位的会计岗位供大于求，而B大学会计专业的招生不仅没有减少，反而有所增加，这使当地企业的会计岗位处于供给过剩的状态。

（二）专业特色不明显，优势不突出，专业人才不足

近年来，国家对高等教育的发展越来越重视，面对机遇和挑战B大学也开始逐渐申报新的专业，造成专业数量增加，招生规模不断增大，规模的扩大加上该校基础设施有限、专业教师紧缺，造成基础实验建设、特色和专业建设缺乏资金。新设专业的内涵跟不上专业规模扩大的速度，导致课程建设达不到预期效果，阻碍当地社会经济的发展。扩招的学生需要时间培养，无法获得立竿见影的效果，B大学的办学优势和特色难以显现，专业同质化现象越来越严重。

B大学紧跟国家政策开设新专业，为立足于地区的发展，不能很好地服务于地方社会的经济发展。其在机械、电气、人工智能、控制、化学化工、新能源等专业领域培养人才的力度相对较小，B大学所属地对于外界各学科、各领域的高端人才无法提供理想的薪资待遇，造成B大学所属地人才匮乏。B大学所属地的高校专业教师和专业设备优势未能充分辐射到中小学，未来服务区域经济建设的战略人才储备不足。

（三）B大学参与区域经济社会发展的程度不够

B大学专业理论教师、科研团队力量薄弱，科研经费有限，不能照顾所有学科，只能有所侧重，从而限制了其科研创新能力的提高。B大学的学科专业与行

业发展严重脱节，导致地方企业与B大学合作乏力，这种情况下，B大学的区域经济发展缓慢。

（四）地方科研能力不足，校企合作尚未形成长效机制

地方企业的专业技术人员、管理人员、仪器制造、智能控制设备与B大学的图书馆、实验室、科技平台不能充分地共享，地方的科研能力不能有效地发挥出来，造成地方的科研水平相对其他城市的科研水平较低，在申报国家级、省部级科研项目时缺乏竞争优势，科研水平无法提升。

虽然B大学注重与当地企业行业的合作，但仅限于表面，未进入深入合作。目前，B大学为企业提供的人才资源、技术应用、科学研究、企业文化建设和宣传以及企业名誉提升等利益不足，企业无法从校企合作模式中获得直接利益，导致企业参加B大学的学科建设、课程建设、人才培养、科学研究的动力不足。

第三节　B大学服务区域经济建设存在问题的原因

分析上述B大学服务区域经济发展现存的问题，主要有法律政策、地方高校、企业、地方政府四个层面的原因。

（一）法律政策层面

国家法律条文笼统、范围宽泛，高校的社会服务功能尚不完善，我们可以从《中华人民共和国高等教育法》看到。2015年，国家颁布了《关于修改〈中华人民共和国高等教育法〉的决定》，由此看出国家开始注重高校的社会服务功能，并以法律法规的形式要求高等教育为社会服务，为人民造福。但随着社会经济的快速发展，部分法律法规涉及的范围不够宽泛、条文不够完善，例如，法律法规对地方高校开展经济服务的形式、性质、范围等方面缺乏具体规定，这给高校在服务社会时很大的自由，从而导致地方高校服务社会无法落地。B大学找到了合适的服务区域经济发展的人才培养模式，如与当地企业签订的校企合作项目、建

设实践实训教学基地、推动科技创新和应用等，但由于担心具体实施过程中缺乏可靠性、稳定性和安全性，加上没有相应的法律法规或者政策的保障，造成人才培养模式的落实难度大，如此一来，B 大学服务区域经济发展的积极性大大降低。

高校办学自主权难以真正“落地”。近年来，国家对高等教育中存在的一些深层次问题，尤其是高校办学自主权问题上，深化“放管服”改革，不断扩大高校的办学自主权。但在实际操作中，高校的办学自主权实施情况不容乐观。通过研究分析发现，我国现在高等教育法律法规中对办学自主权的规定有一些遗漏，致使地方高校的办学自主权一直无法真正落地。例如，B 大学的一些特色的、独立的、具有优势的学科、专业虽然根据当地经济发展情况进行设置和革新，但当学生毕业时，却发现很难找到专业对口的工作，无奈之下只得去省外就业，这是什么原因呢？通过研究具体事例发现，B 大学自主设置的学科专业还未与地方社会形成人才输出的联结，对于就读于自设学科和专业的学生来说，其在就业和升学过程中会发现，其所学专业无法获得与其他专业毕业生同等的竞争资格。例如，国家研究生招生或公务员考试时，地方政府按照教育部《学位授予和人才培养学科目录》和《普通高等学校本科专业目录》制定要求对招收学科和专业，以及招收岗位的学科和专业进行限制，而自主设置的学科、专业因其超前性、新颖性而没有注册，如此使该校学生陷入尴尬的境地，就业难度大大增加。

（二）地方政府层面

1. 地方本科院校经费投入不足

地方政府对地方高校提供的财政支持的方法源于美国约翰·斯通提出的教育成本分摊理论。教育成本分摊理论指的是高校的教育成本应由国家、地方政府、企业单位、家庭以及个人共同承担非义务的教育成本，尤其是高等教育的成本。根据教育成本分摊理论的原则，越强者支付的越多，越弱者支付的越少，如此，地方政府成为地方高校的主要贡献者。但由于不同地区的经济发展水平不一样，教育经费自然存在较大差异，主要体现在地方政府对高校投资力度的不平衡。与一、二线发达城市相比，B 大学获得教育、科研经费要少很多，根据 2023 年中国教育经费统计年鉴数据，2022 年 B 大学所属省份的教育经费 7605600 万元，仅占北京地方高校教育经费的 35%；约为天津、山东、浙江等省地方高校教育经费的50%。2022年，B大学人均教育经费为5.37万元，约占北京地方高校人均教育经费的1/6，不到天津地方高校人均教育经费的1/3。

如此一来，B大学因缺乏充足的资金保障，对人才培养、科学研究、学科专业建设等的资金投入有限，在培养创新型、技术型人才，加强新学科、专业建设时力量不足，在科研成果转化方面缺少相应的支持、帮助，对服务社会发展感到乏力。

2. 缺乏对校企合作、产学研合作的引导意识

产学研是地方高校、企业、科研机构三者秉持“利益共享、风险共担、优势互补、共同发展”的原则进行合作，共同开展科技创新活动，因三者的合作对社会的经济、教育、就业、科技等方面产生了巨大的推动作用，已经引起了各地政府的高度重视。在校企合作、产学研合作中，地方政府往往发挥桥梁和纽带的作用，如引导高校、科研机构和行业企业寻找合作方向，保证产学研合作的顺利进行；制定政策措施，推动合作顺利进行。

当前，B大学所属区开展的校企合作、产学研合作项目相对较少，主要在于B大学所属区地方政府在推动B大学、科研机构以及企业单位之间合作的政策基础薄弱，不够完善，同时，当地政府、企业管理部门对B大学的教育、科学研究的引导积极性不高，导致B大学专业人才匮乏，科研热情不高，校企合作的积极性和主动性较低。

（三）企业层面

1. 地方高校和企业之间的利益很难平衡

地方高校与企业是两个完全不同的社会单位，地方高校主要以培养人才为主，包括对学生德、智、体、美、劳等方面的指导和锻炼，培养出合格的大学生需要投入大量时间。企业则以盈利为主要目标，利用各种各样的生产要素为地方市场提供商品或服务社会发展。区域不同，地方高校与企业的运行机制也就不同，使得二者间的联合道路曲折。一方面，B大学所属地的中小型企业的财力有限，地方企业更倾向于购买可以直接使用并迅速产生或看到效益的成品或科技；而B大学则更倾向于科研成果经过二次开发才可使用，这使得地方企业能够吸收技术成果的范围变窄。另一方面，B大学与所属地的企业合作的成本和利益决

定了企业的合作意向。B大学与企业间谈判的成本、培养学生的成本、履行合作协议的成本、合作过程中相互监督的成本、变更或终止合同的成本、预防和应对事故的成本等加起来产生的高昂费用大于最终利益，如此一来便违背了企业利润最大化的根本，使B大学与地方企业的合作受到了限制。

2. 企业对校企合作的有效性产生怀疑

到目前为止，B大学所属省的高校与企业的合作已有部分取得很多成绩，但这些均是相对雄厚的国企和知名高校。《2022统计年鉴》数据显示，截至2022年年底，B大学所属省的共有企业452.22万户，其中行政单位6.65户，私营经济单位327.87万户。然而B大学与其地方社会合作的企业越来越少，一方面，国企单位与高校的合作具有稳定性高、可靠性高、流程标准规范、体系成熟等特点，这导致B大学与地方民营企业之间的合作阻力加大。另一方面，B大学所属地的部分民营企业对与高校合作持怀疑态度，造成B大学与企业的合作程度低，合作项目少。长此以往，B大学和地方企业逐渐成为两个互不干扰的系统，两者之间无法进行有效沟通，使B大学的一些具有市场潜力的科技成果得不到重视和应用。此外，地方企业认为校企合作缺乏标准体系模式、人才培养模式，预测合作的最终效果一般，风险高，收效小，很可能竹篮打水一场空，所以，目前，很多地方企业选择不与B大学合作，暂时保持观望的态度。

（四）地方高校层面

1. 服务区域经济发展的意识不强

随着国家教育改革的不断推进，地方高校不再盲目地追求综合型大学、研究型大学的大目标，反而探索符合自身优势、办学理念、学科建设的发展模式，开始回归地方社会，服务社会发展。B大学虽将“地方性、技术应用性、服务性”作为自身的办学理念，并大力宣传，但仅仅停留在“理想状态”，未能真正落地。而且B大学的人才培养方案已经被纳入服务区域经济发展规划，但培养的人才真正服务地方经济发展的并不多，这主要是因为B大学服务区域经济发展意识不强。一方面，人才培养模式培养出对社会有贡献的人，但这需要投入大量的人力、物力、财力以及长时间的实践检验。另一方面，地方高校大多没有尝到服务区域经济发展的“甜头”，认为服务区域经济发展的人才培养模式带来的收获不大，服务意识不强。

2. 对实践教学重视不够

通过对大学生、上班族的问卷调查发现，学校理论教学占比高、实践教学占比低。B 大学沿袭传统的精英教育，受到“高校就是提高知识水平场所”的传统观念影响，进而注重教学、理论知识的传授和讲解，而轻视学生能力的培养，因此，B 大学在培养学生社会实践能力方面仍有很长的路要走。B 大学对实践教学投资少，例如，2022 年，B 大学本科专项经费 833.5 万元，本科生实习经费 190.23 万元，本科生的人均实验经费 410.15 元，本科生人均实习经费 150.60 元，也就是说，2022 年 B 大学为每个学生实践学习投入的经费不足 600 元，导致 B 大学对实践教学的重视不够，B 大学的课程缺乏实践教学评价和管理机制，以及训练基地和实践平台，学生无法顺利就业，服务社会达不到预期效果。部分大学生因自身实践能力不够，找工作困难，又不愿意再花费多余的时间去补习，从而对高等教育产生质疑。

3. B 大学单一的教学评价方法

教学评价分为对教师的评价和对学生的评价两种。B 大学的教师评价仅限于高校组织管理方面的评价，评价的主体相对单一，评价人员主要由 B 大学的高层领导、相关职能部门管理人员、教学督导人员等组成，他们不一定具备评价所需的专业素质，也未必能够客观地获得评价所需的各种信息，但他们拥有评价的绝对主导权，如此便限制了 B 大学教师的发展自由，忽略了 B 大学教师的需求，不利于 B 大学教师的发展。学生评价主要是学习成绩的评比，科研和德智体美劳占比少，没有合理规划三者的比例，无法达到平衡状态。此外，B 大学主要注重对学生理论知识的考查，而忽视了对学生实践能力的考查，使学生陷入只会纸上谈兵的尴尬局面。

第四节　B大学所属地区域经济发展前景分析

（一）服务区域经济建设的优势分析

B 大学所属地紧紧围绕“英雄城市”的定位，加强党的建设，延续红色血脉，打造鲜明的城市精神。以战役遗址为主线，开展革命文物保护工作，把战役纪念馆打造成全国一级纪念馆，讲述党的故事，传承红色基因。山海福地，锦绣之州。B 大学所属地紧紧围绕“喉部”定位，充分发挥枢纽优势，加快经济发展，成为该省的中心城市。今年，《B 大学所属地区域中心城市建设规划》以经济为核心，以文化、医疗、教育、科技创新为支撑，加快形成区域中心。

1. B 大学所属地地理优势

B 大学所属地地理位置独特，交通发达，充分发挥了位于 B 大学所属省走廊与东北陆海新航道交汇点的优势，加快“航道 + 枢纽 + 网络”物流运营体系发展。推进东北新陆航道建设，畅通蒙俄经济走廊，连接中国东南沿海地区和东北亚国家，积极融入国内外双周期。

2. B 大学所属地交通运输优势

B 大学所属地拥有完整的机场、海港、铁路（高速铁路）、油气管道三维运输网络，交通十分发达。就铁路而言，北部连接沈阳、哈尔滨，南部连接北京、天津和河北；就海运而言，B 大学所属地港口居中国二十大港口之列，年货运吞吐量超过 1 亿吨。

3. B 大学所属地农业产业化优势

B 大学所属地是 B 大学所属省乃至东北地区重要的粮食、蔬菜、水果、肉、蛋、牛奶生产基地。2009 年，农业、林业、畜牧业以及渔业的总产值 225.7 亿元，其中农业的总产值 96 亿元，林业的总产值 1.5 亿元，畜牧业总产值 126.8 亿元，渔业总产值 28.3 亿元。近年来，B 大学所属地各地积极发展大棚种植、花生种植、高产林种植、水产养殖和优质水果培育等 600 多个项目，不断扩大蔬菜、花生、水果、牲畜等优势产业规模。全市蔬菜总产量 339 万吨，水果总产量 38.7 万吨，肉类总产量 55.5 万吨，禽蛋总产量 48.8 万吨，水产品总产量 46.5 万吨，粮食总产量 193.9 万吨。蔬菜、粮食、肉蛋产量位居 B 大学所属省前三，综合生产能力显著增强。现已形成粮食、花生、蔬菜、畜禽、林果等十大农业产业化经营体系。

4. B 大学所属地物流、科研教学、港口发展优势

B 大学所属地作为 B 大学所属省的三大物流基地之一，自古以来就是商人聚集地，是当时 B 大学所属省的主要商业流通中心。目前，B 大学所属的物流产业发展势头依旧强劲，现已建成以恒大、华联和渤海三大物流园区为中心的物流网络；B 大学所属地的互联网网点也在加速建成，超市、连锁、分销等多种现代经营方式发展迅速。

B 大学所属地现有各级高校 1306 所，在线注册人数 48.8 万人，有科研机构 22 家，科研人员 10 万人，是 B 大学所属省教育研究最集中的地区。各高校中以 B 大学、B 大学所属省工业大学、B 大学所属省医学院 7 所高校为代表，在校学生人数达 8 万人。教育科研力量位居 B 大学所属省第三。共有卫生机构 706 家，相关技术人员 1.19 万人。医疗服务、疾病控制、妇幼保健等制度建设处于全省前列。

B 大学所属地作为沿海城市，是对外开放的重要港口城市。近年来，B 大学所属地一直坚持“引进来”和“走出去”相结合政策，提高自身对外开放的水平。到 2009 年，外资实际利用额为 3.8 亿美元，出口 8 亿美元，招商引资 214 亿元，与世界 80 多个国家和地区建立了经贸关系。

（二）B大学服务区域经济建设的劣势分析

在地方产业转型升级、城市质量提升和经济迅速发展的背景下，地方高校可以发挥自身的人才、科研、定位、信息、决策等优势。然而，由于传统办学理念和办学模式的制约，高校发展跟不上经济社会发展的步伐，地方高校为经济社会发展服务受到各种制约。

1. B 大学所属地高校教育科研与服务社会经济错位

B 大学所属地高校的定位与社会经济发展产生错位。B 大学所属地相关高校

的定位是“国内一流”“国内先进”“国内领先”等，可见对其定位过高，而且不具体，更别说与当地社会经济相匹配。高校以往将申请博士点获得更大的项目以及争取更多的奖励作为学科建设的终极目标，因此进一步弱化了服务地方经济的人才培养，阻碍了地方经济发展。高校定位与地方经济发展不匹配直接影响其在地方经济发展中的作用。

B 大学所属地高校人才培养与地方经济发展需求不适应。近年来，高校定位不准确，使高校的相关专业非常全面，虽然随着经济的发展做出了相应的改革，但是新专业的审批和原有的教学惯性，使改革缺少力度，高校培养的人才与当地经济发展严重脱节，B 大学所属地地方高校一直以来都在追求学生人数扩招、学校规模更大、毕业速度更快，这就导致当地高校在专业设置上出现雷同，具体而言，高校专业方向与当地经济发展不协调，使得人才大量外流，没有为当地经济做出突出贡献。这种不相适应不仅阻碍了地方经济的发展，也影响了高校学生的就业。

高校的科研方向与地方经济产业的发展不匹配。高校科研方向与专业设置密切相关。由于地方经济与高校发展错位，高校科研方向出现偏差。近几年，我国各地都加大力度对当地社会经济结构进行转型，高校也随之做出调整，但是由于办学体制的影响调整比较慢，很难适应地方经济的发展，其科研在促进经济方面也受到制约。

2. B 大学所属地服务社会基础不牢、服务效果不佳、校企合作不强

B 大学所属地的地方高校办学定位不准确，服务基础薄弱。随着我国社会发展步入新征程，经济结构和发展模式正在经历深刻的调整和变革，这就要求教育结构和质量必须紧跟社会转型和发展的步伐，实现高质量发展。地方高校要实现新时期的高质量发展，增强自身竞争力，促进区域经济社会发展，就必须准确定位学校目标，巩固高质量发展的基础。当前，B 大学所属地高校办学定位存在趋同、不科学、不符合区域经济社会发展实际等问题。因为 B 大学所属地政府和地方高校都希望加快发展，在全国乃至全世界的高校排行榜上占有一席之地，在这种思想下，B 大学所属地地方高校很容易步入发展的误区。而且，为了追求排名，地方高校会根据唯一的评判标准来制定自身的教学方式，但这些评判标准并不都适合地方的发展，这就导致地方高校培养出来的大部分学生并不适应地方区

域经济发展，具体表现为学科结构与地方经济社会发展不适应，忽视专业特色，盲目追求“高”，为地方发展服务基础薄弱。

B大学所属地的发展服务于地方需求，注重学校地方合作。应根据当地发展需要和驻B大学所属地高校的功能属性，从设计的最高层次完善合作机制，畅通沟通机制，实现B大学所属地高校与社会的紧密互动。根据“三螺旋模型”理论，将社会中的人力、物力、财力、信息资源汇集到“政府—企业—大学”中，促进高校与社会的整合与进步。从隶属关系来看，B大学所属地本科院校处于省政府的全面管理之下，给学校与城市的深入合作带来了一定困难。事实上，没有地方政府的支持，高校就不能顺利运行。一些高校认为自己的主要任务是教导和教育，开展科学研究。还有部分高校教师为了评职称才搞科学研究，没有主动为区域经济建设出力的想法，高校的奖励与评价机制也往往和教师在一年中发了多少篇文章，做了多少项目以及为学校引入多少资金等挂钩，学校凭此来分配每年的教授和副教授名额，在多重因素的影响下，高校教师的研究方向、研究目标和研究重点与区域经济建设和生产渐行渐远。高校教师逐渐产生了功利思想，科研导向已不再是社会服务和区域经济建设，而是变成了为发表文章搞科研，只从前沿文献中获取信息并以此决定自己的课题，没有将眼光放在地方区域经济建设的实际需求上。他们往往忽视服务地方政府的职能比重，缺乏与地方政府沟通的热情和主动性。因此，学校地方合作陷入了“以书面协议为基础，合作成果少，合作不深”的困境，地方高校在为社会经济发展服务方面表现不佳。

学校企业合作不够深入，服务质量不高。产学相结合、高校企业合作是实现高等教育内涵发展的密钥。目前，B大学所属地地方高校科研成果转化率低、地标性成果少、服务区域经济社会发展质量低。从自身分析发现，目前高校只追求签订校企合作协议的数量，而较少关注合作成果和科研成果。高校没有成立相关的协调部门，对相关事务缺少统一管理，教师与企业合作的渠道不畅，都是靠单打独斗，这不仅会让高校教师在服务区域经济建设时面临巨大的风险，而且整体收益较低，打击了教师服务区域经济建设的积极性，也为学校的管理埋下了隐患。从企业自身角度来看，随着我国经济的转型升级，土地和人口红利逐渐减少，企业“争投资、争环境、争资源”的老路已经走不通，因此企业必须转变发展模式，实施科技创新战略，尤其要依靠高校的人才优势和科研优势，培育发展动力。然而，一些企业未能深刻认识到科技创新驱动的重要性，其理念仍停留在大发展时代，影响了学校企业合作的深度。

服务评价机制不完善，服务动力不足。校企合作是地方高校服务于地方经济发展的关键点。然而，在法律、政府、学校和企业四个层面仍缺乏切实可行的措施，无法有效保障学校企业合作。从法律角度看，国家没有关于地方高校服务地方发展没有相应的法律规定，地方政府对此也没有相关政策；从政府角度来看，学校土地合作的责任机制和评估机制尚未建立，学校土地合作通常处于协调阶段；从高校的角度来看，现有的科技成果评价体系还不完善。高校科技成果评价大多遵循传统模式，偏重学术价值而轻视市场价值。评价体系不包括科技成果的市场价值和转化率。根据市场和当地经济发展的需要，科研工作者的工作动力不足。

地方高校应该积极调整自身状态，端正姿态，主动建立良好的可以与区域经济建设对接的机制和服务平台，高校要想更好地为社会服务，就要打破各种条条框框，努力对外开放，就像许多欧美国家高校一样，走入社会，更好地为社会服务。

（三）B大学服务区域经济建设的机遇和挑战

1.服务区域经济建设的机遇

国家提出农村振兴发展战略，将为农业和农村经济发展带来更多机遇，土地资源将焕发新的活力。

根据《国家“十四五”新城镇化实施规划》，我国新型城镇化建设迎来了机遇，改善了人居环境，有序推进了城市空间扩张，促进了县级市政公共设施升级，提高了公共服务设施水平以及产业配套设施质量和效益。加快发展农村教育、卫生、文化等事业，促进城乡基本公共服务均等化。农村义务教育巩固率达到100%。协调推进重大基础设施整合，共同建设安全可靠的水利供水系统，完成农村厕所改造和垃圾集中处理。农村自来水供应全面覆盖，四县（市）集中供暖率达到80%以上。突破行政边界，围绕“北义闾山会师”工程建设庐山周边大旅游通道，实现“大闾山”综合开发模式。以“双凌协同”项目为中心，加快凌海、B大学所属地城区一体化互补发展。重点开展“古太凌黑与高铁同行”工程。加快凌海和黑山融入高铁时代，统筹规划周边产业示范区，发展高铁经济。

加快发展县域物流、旅游业等现代服务业，扩大服务业覆盖面，积极融入东北新海陆通道和京津冀经济区，打造城市经济新增长极。

B大学所属地深入学习和贯彻落实党的十九大和十九届二中、三中、四中、五中全会精神，深刻领会习近平总书记关于“十四五”时期发展方向和重大任务目标的重要指示要求，结合实际需求，学以致用，融会贯通，科学谋划，举一反三，现已完成“十四五”规划纲要（第八稿），积极推动B大学所属地“十四五”时期高质量发展。目前，B大学所属地正面临前所未有的新机遇，形成新的开放格局，成为面向东南亚、连接B大学所属省、蒙古和欧洲的重要交通和国际贸易枢纽，融入京津冀和B大学所属省份沿海经济带，在“B大学所属地基地”建设世界级石化精细化工产业带。充分利用这些机遇，弥补劣势，重建优势，加快发展。

（1）坚持“优势在沿海、潜力在沿海”的发展战略，坚定不移地推动整个地区向海洋倾斜。依托滨海新区B大学所属地的港和B大学所属地的机场核心战略资源，抓住B大学所属省与江苏合作的重大机遇，全面推进“两港联动”工程，大力发展港口产业和海洋经济，建设精细化工、汽车零部件、现代物流等产业园区，提升城市功能，实现港口一体化发展。在松山新区，以建设国家级高新区为核心，以华为云数据中心（B大学所属省）为依托，全力推进数字经济产业园建设，实施大数据技术应用场景，打造“智能城市”平台，实施5G数字产业基地项目。牢牢抓住在凌海大有经济技术开发区建设世界级石化精细化工产业带，大力发展石化配套服务业的契机。

（2）以“8+3”产业布局为中心，做好“老品牌”升级改造，深入发展“原品牌”，培育和强化“新品牌”。培育和拓展精细化工、光伏与新能源、汽车与零部件、电子与半导体、设备制造、生物医药、新材料与节能环保、大数据八大新兴产业。扩大和加强石化、冶金、农副产品加工三大传统产业。加强和扩大工业经济，提高第二产业比重。深入贯彻落实科学区划、园区集群、培育龙头企业、链条延伸四大举措，明确园区产业定位，积极推进企业入园，以龙头企业为重点，推动产业集群发展。到2025年，实现工业总产值由800亿元跃升至1600亿元，第二产业比重由26%上升至39%的目标。

（3）坚持到底、提出建设一个美丽、宜居、充满活力的现代港口城市和B

大学所属省中心城市的定位。为支持城市定位，拟建“北义闾山会师”“松太南越”“双凌协同”“两港联动”“古太凌黑与高铁同行”“五大工程”五大项目。在B大学所属省建设医疗卫生中心、教育中心、金融中心、交通物流中心，提高城市能源水平和核心竞争力。进一步梳理城市的空间发展，提升滨海新区和松山新区的核心地位，促进沿海经济带的腾飞，强化县域经济的崛起，拉动城市经济的振兴，形成沿海经济带、县域经济和城市经济“三大经济部门”新发展格局。

（4）坚持项目计划和任务清单化。为进一步加强规划支持和保障，当地政府认真梳理了500多个项目，总投资3500亿元。此外，在重点开发任务中列出专项任务，汇总“十四五”期间开发的重点项目，以促进项目计划的实施。当地政府还加强与国家和省级部委的沟通对接，将B大学所属地港30万吨级航道改造扩建工程、B大学所属地港至专用石化管道等重大项目纳入国家和省级“十四五”规划中。

2. 服务区域经济建设的挑战

在抓住上述发展机遇的同时，当地政府还必须客观地面对现实中的各种挑战，如果这些挑战得不到很好的处理，B大学所属地的经济发展就可能停滞不前，错失机遇，在服务区域经济建设方面也难以发挥应有的作用。

到2021年，中国普通高校（本科）将达到2756所。高校经费主要来自财政拨款和政策补贴，另外还依靠地方政府和相关主管单位的支持。各地经济发展状况不同，财政收入存在较大差距；地方政府对高等职业教育的重视程度不一，导致高等职业教育财政投入区域分布不均；财政拨款的大部分用于支持本科院校，特别是高水平大学的建设。由于教学经费不足，一些高职院校为了保证教学的正常进行，通过提高学生学费来解决这一问题，所以高职院校盲目扩大办学规模，无疑造成教育质量下降，虽然在一定程度上改善了资金短缺的局面，但导致高职院校学生整体素质下降。

疫情期间当地财政面临压力。高校经营性企业等其他投资收益也受到影响，甚至出现经营困难。一些高职院校由于开学延迟而无法收取学费，但是他们必须照常支付教师工资、校舍租金和其他费用，一旦学校和有关教育部门处理不好这一难题，高职院校可能因高负债而面临停办的风险。同时，如果不重视在线教育的快速发展，一些学校则濒临“倒闭”的边缘。

第八章　B大学服务区域经济的研究

第一节　B大学与区域经济发展间的协同关系

（一）高等教育与区域经济发展的供需机理

B 大学所属地高等教育与区域经济复合系统是由 B 大学所属地高等教育系统以及区域经济系统两部分有机结合而成，而要实现区域高等教育和经济系统的协同发展，就需要通过系统的子要素间协同互动，以各自数量与规模的变化影响该系统或影响另一系统，促进子系统实现协调互动，推进协同发展。实现复合系统协同发展具体表现在两个方面：

首先，高等教育方面。区域经济的发展受到多种因素的影响，假设在一定时期内地方财政总预算不变，通过合理调度市域内的经济投入，对 B 大学所属地高等教育体系内的人才培养、师资力量、招生规模、科研潜力等子要素重新分配投入资源，并计算分析现有投入分配格局的评分影响。具体的路径是通过提高高等教育的经济投入，扩大高等教育招生规模；通过优化教师团队强化师资力量，来提高高等教育质量；改善教学条件、完善教学设施设备；加大科研投入力度、挖掘科研潜力、充分发挥教育资源对经济促进的作用，利用高等教育体系培养区域经济发展所需要的高素质人才与专业人才队伍，为区域经济的发展注入活力，提供正向的积极的要素。

其次，区域经济方面。发挥高等教育体系内的人才作用与知识作用以及科研作用，以知识产权和科技创新的方式推进粗放型、资源消耗型经济发展模式的改革，促进经济增长，帮助区域经济实现经济总量的增长、经济规模的扩大、以产业人才为引领，优化产业结构并推进产业转型发展，改善居民生活条件、提升居民幸福指数，推动高等教育对区域经济实现高质量发展。

综上，高等教育与区域经济复合系统的协同发展是一个双向互动的动态过程，高等教育系统通过师资力量、人才培养等子元素进行系统内部与外部环境的资源交换，通过交换，教育系统得以完善，区域经济系统得到发展。

（二）高等教育对区域劳动力的影响

随着科技的进步和生产力的提高，生产工具更新换代的速度不断加快，对于劳动者所需掌握的技能要求也在不断提高，劳动者所掌握的技术更新周期缩短，这意味着现代劳动者的综合素质必须达到较高的标准，即对劳动者的综合素质提出了更高的要求——具备终身学习的能力。

劳动者通过高等教育学习基础知识，增强自身的学习能力、思考能力、综合思维能力等，为适应社会生产的不断变化打下基础，提升在面对生产工序复杂化、工艺要求精细化时的综合应变能力与处理复杂问题的能力。一方面，劳动者具备了终身学习能力，增强了抵御社会经济风险的能力；另一方面，劳动者素质的提升，也为企业降低了管理与雇佣成本。B 大学所属地作为 B 大学所属省的重要沿海城市，同时也是 B 大学所属省发展区域核心城市，劳动者素质的提升对于承接发达地区的产业转移、管理者学习管理经验、业务模式、经营方法以及政策的实施效果等方面有显著的正向作用，发挥区域高等教育的规模优势，助力经济系统进一步发展。

（三）高等教育对区域科研事业的影响

如何使“产学研”三者结合，是事关经济实现高质量发展的重要问题，也是世界许多发展中国家研究多年的社科课题。纵观世界大多数发达国家，在处理推动产学研深度融合这一难题上，较为普遍的做法，首先是加大研发力度，将科技研发与学术教育紧密融于高校或是科研机构，为了促进科技成果的转化落地，按照一定的行业标准设置专业孵化器、配备实验室；其次是发达国家的企业与高等院校有广泛且深入的合作关系，发达国家的科研转化率较高，科研成果的推广与应用有较固定的流向，科研机构与高校以与知名企业的合作关系为基础，以企业的影响力为平台，依靠企业品牌效力助力科研成果打开市场。总的来说，发达国家的科技研发对于经济增长的贡献率一般达 60% 及以上。

“科教兴国”战略实施以来，我国已有相当数量的高校与科研人员积极响应国家政策，奔赴我国基础研究与科技研发的最前线。在新时代背景下，B 大学所属地将继续发挥并发掘科研潜力及优势，推动高等教育与科技进步的良性循环，促进协同发展。

（四）高等教育对区域相关产业发展的影响

高等教育与人才和产业息息相关，高等教育与社会共同培养社会所需的人才，受教育者将所学知识应用于实践并创造价值，这是产与教的交叉融合，是理论与实践转换的有机结合点。在当前高等教育中，部分课程和教材与社会发展存在脱节现象，而产业与高等教育的有机结合，可实现产学动态联结，即通过相关产业明确现存的问题和难点，又利用高等学校的科研和教学体系进行攻关，最终提高产业水平。同样，通过问题的研究也可以完善高校的教育教学课程和体系，使其更加适应当前社会的产业需求，提高生产效率，进而促进高等教育与当地相关产业的有机结合，形成产学研互动模式，增强高校的科研转化能力。

（五）高等教育与区域经济系统的协同发展模式

在高等教育系统和区域经济系统内外部环境要素处于开放性的前提下，高等教育和区域经济二者结合为一个系统，并为共同目标的实现而相互作用、相互辅助、相互转换，与此同时，在复合系统中形成一定的稳定、固态的内在运行逻辑。协同理论认为，复合系统的发展规律和运行轨迹主要取决于组成复合系统的子系统间相互联系的程度，而复合系统的发展规律也是子系统相互关系强弱的反映。不同的状态、元素或者单位的高等教育系统和经济系统的融合形成复合系统，其可以通过演示得到：复合系统的相关指标的单元发生变化，而这些变化通过系统的内在运行机制传输给复合系统，并在复合系统发展过程中以其他形式表现出来，通过分析和研究 B 大学所属省各区域的高等教育与区域经济复合系统的发展现状发现，区域的高等教育与经济在相互促进的同时还存在相互制约的关系。复合系统中，不管是高等教育系统还是区域经济系统若发生紊乱失调，会影响另一个系统的发展，从而产生蝴蝶效应，只有当高等教育系统和区域经济系统都发挥正向作用，强化复合系统的积极参量，弱化消极参量，如此使复合系统的发展走向最优化。

第二节　B大学服务所属地发展的内容

不同学者对地方高校服务社会的内容不尽相同，潘懋元认为地方高校服务社会的内容包括人才、科研和综合服务；殷翔文认为其包括传播服务、信息咨询、人才输送、项目开发、成果转化、兴办企业公司、联合发展以及结对联姻八种服务；而徐同文认为其包括政治、经济、文化和教育四大领域的服务；还有部分学者认为各地方高校应结合自身优势，与地方企业合作，与地方政府共同承担服务社会的管理责任。B 大学服务所属区域发展的内容包括人才培养、科学技术以及决策咨询与服务。

（一）人才培养

围绕“全面提升人才培养能力”的目标，B 大学坚持“以培养高素质应用型人才为核心，以满足区域产业发展需要为导向，以提高服务社会贡献为基础，深入贯彻落实校企联合”。同时采取“共同完善学校办学宗旨、共同建设学科专业、共同修订培养方案、共同开发新课程、共同加强创新创业、共同建设特色一流课程、共同搭建人才平台、共同评价教学效果、共同推进科研研发”九项措施，构建全方位、全过程、全深度融合的协同育人新机制，全力打造产教融合共同体。

共同完善办学宗旨。B 大学邀请地方政府、企业和相关领域的专家学者进行研究讨论，进一步健全 B 大学的发展规划，明确 B 大学“立根、立真、立特、立新”的办学理念；将 B 大学的办学定位为“技术应用型、本土高新型、服务社会型以及综合开放型”；建立 B 大学“培养技术型、高新创新型人才，服务于社会的经济发展”的办学宗旨；服务按照“扎根 B 大学、服务 B 大学所属区域、面向全国各地高校”的顺序从小到大逐一实行，为 B 大学的发展指明方向。

共同建设学科专业。将B大学学科建设定位为“注重地方社会经济发展，满足区域生产需求，建设学科专业特色、加强传统工程、发展新兴工程，优化特色专业”，并坚持“注重特色、加强应用、贴近行业、服务社会”的专业性原则，以“服务B大学所属地的经济示范区域、先进制造强区以及服务于B所属地的支柱产业和新兴产业”为需求，加大专业学科的建设力度，加快专业学科的交叉融合，加强现有特色专业的发展、建设，提高新兴专业学科的增长点，优化专业学科建设结构。

共同修订培养方案。B大学本着“以学生为中心、以行业需求为导向、以最终成果为评价、协同育人”的人才培养和管理理念。秉持“突出技术应用、强化实践训练、注重实践能力”的原则，本科专业的人才培养以区域社会经济的发展人才需求为导向，以深化产教融合、校企合作为规划路径，以促进学生全面发展和个性化发展为基础需求，地方高校、社会、企业共同联合修订详细的本科专业培养方案。以国家的、社会的职业要求标准为参照，将创新创业教育融入人才培养全过程，对人才培养的各个方面进行重新构建，全面提高高校学生的综合实践能力，掌握扎实的专业理论，使得实践和理论协调发展。

共同开发新课程。B大学以“平台+环节+方向”为结构进行高新型、创新型、技术型等人才培养，深入贯彻落实校企的共同培养方案，将高校部分课堂转移到企业的具体实践训练中，而企业的工程项目案例转移到高校教学中，二者相辅相成，打造了新型的教学模式，同时还要加大对项目型、任务型、技术型等学科课程的改革和宣传力度。近年来，B大学与所属区域的企业与高校合作研发了多门课程。

共同加强创新创业。地方高校与企业通过“创新引领创业，创业带动就业，二者共同培育创新型的创业文化根基”，共同搭建扎实、稳固、可靠的创新创业教育平台，建立实践培训和孵化基地，坚定不移地推进社会创新创业的发展。

共建特色一流课程。近年来，B大学共聘请200多名优秀的企业技术型人才、管理型人才、综合型人才，举办各类讲座、指导学生的实践实训活动。同时高校也派出120多名教师到企业不同岗位进行再实习，提高高校教师的实践能力和综合素质。

共同搭建人才平台。B大学所属地先后根据国家政策新建B大学工作站，本科、硕士研发基地，精工实习省重点实验室，食品与蔬菜研发实验室，光电技术研究所等优质人才培养平台。与优秀企业共同建立产教合作基地，校企共投入500万元购买设备；与省内的不同企业单位共同建立“五位一体”基地。

共同评估教学效果。B大学所属地区允许企业技术和管理人员参与到高校的人才培养中，模拟企业真实工作场所，让学生感受企业的工作环境，提高学生的学习和应用能力；部分实践训练可在企业设置考核标准，由企业对学生进行测评。高校和企业共同对理论和实践的教学质量进行评估，最后联合编写评估报告。

共同推进科技研发。近年来，B大学先后为所在地的企业单位提供多项新技术以及百余项新产品，荣获省、市80多种奖项。

（二）科学技术

科学技术服务是地方高校服务地方社会发展的关键点。为了发展成为综合型、应用技术型大学，提高高校服务社会地方经济发展水平，2017，B大学成立了校地合作办公室，并制订了B大学全面服务属地的经济发展计划以及社会经济发展总纲。为了进一步提高服务社会能力，有效促进B大学所属地区的经济发展。2018年，B大学深入落实社会服务优秀教师选拔方法、社会服务模范教师的评选实施方法，实施人才引进、项目培育等多项激励机制，大力推动教师参与科研和社会服务的主动性。积极引进国家级科技领军人物，以国家科技要素为指导，对B大学的各项创新资源进行整合，加强B大学科学技术服务社会能力，实现B大学与当地企业之间科学资源的有效对接，帮助当地企业解决部分科学技术难题。

1. 共建协同创新研发中心

“十三五”期间，B大学根据其所属地区的支柱产业和自身学科的建设需求，引入国内外优质人才，整合现有的创新资源，建立了“智能机械制造、智能自动化、智慧区域、区域经济发展”等多个科技服务中心，并为每个服务中心配备一支服务团队，落实政策、资源、资金、团队和运行机制的配置。2018年，B大学所属区域地方政府、B大学与北方能源、中海油北油田等基地，建立多项合作项目，项目资金总额达1000万元，共同服务于B大学所属区域的社会发展。

2. 开展技术指导和咨询服务

地方高校服务社会发展和校企合作的起始点是开展技术指导和咨询服务，2023 年，B 大学与华为技术有限公司签署合作。B 大学所属地区的金属新材料行业协会与恒泰特种合金有限公司和 B 大学的材料科学与工程学院举行项目总结交流会。B 大学和中海化工运输有限公司、上海中远海运劳务服务有限公司“船员订单班联合培养”签约揭牌仪式在滨海校区举行。B 大学粤港澳大湾区访企拓岗校企合作签约仪式在深圳举行。B 大学与鸿昇科技制造有限公司举行了校企合作签约仪式。B 大学还积极开展访企拓岗实习促就业专项行动。B 大学先后走访了江苏、上海、浙江等地制药、环保、化工、能源、材料等多家上市公司，充分利用寒假窗口期，推动 2023 届毕业生的高质量实习与就业工作。

此外，B 大学还高度重视人才的培养，与中软国家教育、春光制药装备股份有限公司、美联桥汽车部件有限公司、阳光能源有限公司等 10 多家知名大中型企业签署校企合作协议，结成战略伙伴，为 B 大学学生建立实习训练基地，为培养高新型、创新型、技术应用型人才提供有利保障。

3. 开展校地合作

2021—2023 年，B 大学分别与海天兴业科技有限公司、电信工程局、新华印务有限公司、杰创电子测控科技有限公司等多个企业、单位签订了校企联合实习协议；与鸿义通仪测有限公司、晶科能源有限公司、罗技科技有限公司、海尔集团签订了校企合作协议。自 2021 年来，B 大学不断加强科技创新服务团队力量，吸引了多家公司的投资，其中包括资金大规模的合作。

4. 开展科技成果转化服务

地方高校服务社会经济发展主要是利用自身的科研平台，进行研发成果的转化。2018 年，钛及特种金属产业有限公司与 B 大学共建产业学院签约仪式在 B 大学校内成功举行。双方将采用“校企联合”的方式，共同建设智能制造、人工智能重点实验室，携手培养区域产业发展需要的技术型人才。近年来，该实验室生产智能设备万余台，申请省级发明专利 30 余项，并建立了专业设备的生产基地。该实验室的成立对于 B 大学与地方企业的科学研究、科技创新、成果转化、合作交流、技术咨询、技术服务等影响颇大，同时还提高了 B 大学的科研服务能力，加快校企合作，推进技术革新和成果转化。

（三）决策咨询与服务

B 大学以“培养优质综合素质的高新创新型人才”为目标，依托企业与政府，服务于地方社会区域经济发展。B 大学先后与当地的中级人民法院、人民广播电台、优质企业、学校等 10 多家单位建立训练基地，通过定期组织临近毕业学生去参加培训和实习，提升自身实践能力和专业技术。自 2021 年以来，B 大学为社会培养了 6000 多名优秀毕业生，致力于服务社会，为区域经济的发展贡献力量。

B 大学还为专业技术人员举办理论培训，帮助企业创建内部杂志期刊，通过拍摄广告、视频等多种方式服务企业、服务社会。例如，在乡村设立校村社会主义实践基地；参加 B 大学所属地区电视台举办的“魅力行，社区情”活动；还与街道办事处签署社区文化共同建设和传承协议；B 大学多次举办“文化服务与写作研讨会”，围绕“社区公共文化服务建设”主题为工作人员提供研习机会，这是 B 大学校地合作的改革和尝试，有助于教师服务地方能力的提高，实现校地之间的交流与合作。

第三节　B大学服务所属地的特点

近年来，B 大学的办学规模、教育结构、办学宗旨、科研转化等发生了翻天覆地的变化，而服务社会是 B 大学的基本职能之一，B 大学服务所属地区的特点主要体现在密切联系地方，广泛服务；密切联系企业，坚持学研产结合；紧密联系政府，做好地方政府的“智库”三方面。

（一）密切联系当地，广泛服务

B 大学在转型发展过程中，不断地重新定位、完善自身的办学宗旨、科研条件、学科建设，培育出一批技术型、高新型、专业型集群，2020—2022 年，B 大学完成对接合作单位 200 多家，建立 100 多个社会服务团队，单独完成 100 多个项目，校企共同完成160多个项目，开展专业技术咨询服务60多项，举办实习培训班50多个。同时依托B大学的科技创新、人才培育、实习训练基地、智能设备等平台，带领B大学所属地区的骨干技术人员与专家，与地方企业、政府共建科技园、科技市场、科技服务等平台，进而实现新项目的立项。B大学还参加了其所属地区科技大市场平台建设，该平台将与B大学合作的工程项目列为"省委项目"。2021年，B大学与安徽省科大奥锐科技有限公司共同建设"镧钴钙钛矿纳米催化材料制备及表征虚拟仿真实验"，与北京艾特互联科技有限公司联合开展现代化背景下高校基层教学管理人员专业化发展建设，立项协同育人实现教学内容、课程体系改革、实践条件和实践基地建设。

（二）密联系企业，坚持学研产相结合

地方高校与地方产业紧密结合，是地方高校服务地方经济的重中之重，促进地方高校科研成果的转化。B大学所属地区经济的快速发展与高校科研成果的转化是密不可分的。B大学制订并实行了服务社会建设一系列发展策略，其中"产学研是服务地方社会经济建设的策略之一"，积极调动高校教师、企业技术人员、管理人员服务社会的热情，深入所属区社会建设的各个领域，进一步加强社会的科技创新服务，推动所属地的经济发展。B大学"大宗海水鱼贮运加工关键技术及应用"项目荣获2021年度B大学所属省科技进步一等奖；B大学获批国家自然科学基金项目15项，国家社会科学基金项目4项；B大学还加快国际化办学进程，积极推进国际教育和区域教育交流合作，紧抓对外开放契机，加强与海外大学在教育、文化和农业等领域的深化合作。

B大学项目的立项，为JZ市3000多人解决了就业问题，还促进了当地居民收入的增加和社会区域经济的发展，并取得了显著的经济效益和社会效益。同时项目的立项还为B大学创造了一条人才培养途径。在校期间参加校企实习、实践活动的学生，毕业后都凭借扎实的理论知识和实践操作能力获得满意的岗位，部分学生甚至成为企业的中层干部。

（三）密切联系政府，做好地方政府"智库"

地方高校作为高等教育机构，充分利用人才、科技、信息、学科、专业等优

势，为当地经济发展献言献策，做好地方政府的“智库”。近年来，互联网公益服务模式成为一种新的融资方式，其不仅对地方政府的管理能力有影响，还考验地方政府的市场运行、管理运行、经济运行能力和水平。为有效预防和降低金融风险，高校协同地方政府规范举债行为。B 大学通过精心挑选专家并组建团队，成立互联网公益服务团队，为更好地建设和服务当地政府，该校还邀请国内多位资深金融专家与 B 大学所属地区的当地政府领导班子就如何为 B 大学所属地区的公共资源建设和服务提供有效的发展观点、路径和模式逐一进行探讨。此外，B 大学的多名专家、教授被聘为 B 大学所属地区“智库”成员，为当地政府分析国家的政策方针，经济、政治、文化形势提供决策依据。

第四节　B大学服务地方经济的分析与讨论

（一）对地方红色文化遗址保护与红色旅游的贡献

B 大学所属地位于 B 大学所属省的西南部，拥有千年的历史底蕴，在“B 大学所属省走廊”处于咽喉要道的重要位置。B 大学所属地红色文化遗址按照其空间是否闭合可分为两类：A 类是承载历史和人物事件的空间闭合的建筑物、构筑物，包含旧址、故居、场馆、纪念塔；B 类是承载历史和人物事件的开放空间，主要指战场、殉难地、事件地、陵园。B 大学所属地 76 处红色文化遗址中，A 类共 36 处，包括旧址 25 处，故居 1 处，场馆 6 处，纪念塔 / 碑 4 处；B 类共 40 处，包括战场遗址 25 处，烈士殉难地 3 处，重大事件发生地 2 处，烈士陵园 10 处。

B 大学所属地红色文化遗址数量众多。建党、“文化大革命”、土地革命、抗日战争以及解放战争等事件在 B 大学所属地这片土地上共留下了 76 处具有纪念意义的红色文化遗址。

B 大学所属地红色文化遗址虽然分布较广泛，但从各区域总体数量来看，凌河区、古塔区、太和区、黑山县分布较多，凌海市、北镇市、义县分布较少。从集中程度来看，旧址、战场、陵园类分布较多，而场馆、纪念塔 / 碑、殉难地、事件地分布较少。

B 大学针对 B 大学所属地红色文化遗址，提出了利用红色旅游资源在高校实施体验式教学；将红色旅游资源与校园文化有机融合等一系列对策。一是通过运用启示、教育等方式，让学生坚定中国特色社会主义的理想信念，明确一切工作必须紧紧围绕中国特色社会主义建设来进行；二是通过大力宣传中国共产党的路线、方针、政策来引导学生的思想观念，提高其政治觉悟，通过思想政治教育，让学生熟知和掌握红色文化的现实意义；三是注重对思想政治教育内容的完善，随着时代的发展，红色文化教育也要与时俱进。因此，B 大学积极创新开发红色文化资源的新发展理念、发展模式，使红色文化始终与时代接轨；四是运用马克思主义生态哲学理论及方法论分析我国红色文化资源开发中“异化”“无为”“失衡”等一系列现实问题，提出了在马克思主义生态哲学理论指导下实施凸显红色资源阶级性、尊重红色资源原真性、打造红色旅游品牌、促进老区全面发展、保证社会生态效益首要地位等举措。

此外，B 大学依托互联网，分析了红色旅游资源开发中交通不便、行政壁垒等问题，进而提出利用互联网平台推动红色文化资源的开发建设，并在开发过程中以网络促进宣传、用网络实现虚拟体验、借助网络进行红色资源跨区域整合。充分利用网络和各媒体平台，拓展多元化宣传渠道、创作红色文艺作品以及开展红色主题活动，创新宣传方式，使红色文化资源的宣传与时俱进。这不仅提高了 B 大学所属地红色文化资源的知名度，也让 B 大学所属红色文化教育效果得到了提升。

另外，B 大学的马克思主义学院、旅游学院的思想政治教育课程中融入了红色旅游资源保护与开发的内容，教授集红色旅游资源保护开发与思想政治教育于一体的专业知识和专业技术。有针对性地培养专门从事红色旅游资源保护和开发工作的思想政治教育人才，从而促进 B 大学所属地红色旅游资源更好地发挥思想政治教育作用。建立研究 B 大学所属地红色旅游资源的专业人才库，组建一支业务精、能力强、素质高的红色旅游管理与思想政治教育团队，加强 B 大学在职红色文化人才的业务培训，鼓励和发动更多教职员工参与到红色文化资源的研究中，提升其思想政治教育觉悟，使 B 大学所属地红色精神薪火相传。

（二）积极参与校企合作与科研转化

B 大学一直高度重视大学生创新创业，支持创新创业成果转化，积极探索和实践“专创融合”，凸显“师生共创、技术转化”双创教育特色，形成“产教融合”一体化育人模式，充分整合政、校、企三方优势资源，完善校园就业与双创环境，搭建具有标杆和示范意义的创业就业资源生态平台，推动高校创新型、应用型人才培养和地方中小企业创新发展。B 大学力争创建在国内具有引领示范作用的实践基地，共同构建科研与教学协同发展的教育新模式，为 B 大学所属省经济和社会发展贡献力量。

B 大学食品学科带头人与 B 大学所属省安井食品有限公司在新型鱼糜制品加工技术、海 / 淡水混合鱼糜加工技术、新型复合鱼糜制品开发及产品质量安全检测等方面开展产学研项目合作与对接，在 B 大学所属省安井食品有限公司建立了 B 大学研究生、本科生实习基地、大学本科函授站，设立了励建荣教授工作站。双方合作获批了国家鱼糜及鱼糜制品加工技术研发专业中心，同时向当地渔民收购原料 1 万多吨，增加就业岗位 50 多个，产生显著的经济效益和社会效益。

B 大学联合 B 大学所属地航星集团成立了 B 大学所属省航星真空科技有限公司，建立了智能真空装备产业园，形成产业集群，扩大了影响，形成 B 大学所属地真空装备品牌效应，促进了真空装备行业良性发展。同时将信息化引进传统真空电炉行业，对其进行改造，提高产品附加值，加快了产业升级，扩大了产业规模，不仅符合国家两化融合政策方针，同时使能让 B 大学所属地这一优势特色产业大放异彩。

B 大学为了进一步激发创新创业活力，促进科技成果转化为现实生产力，依据《中华人民共和国促进科技成果转化法》《国务院实施〈中华人民共和国促进科技成果转化法〉若干规定》《B 大学所属省人民政府关于进一步促进科技成果转化和技术转移的意见》以及《关于推广科技成果转化政策落实试点有关政策措施和沈阳市全面创新改革试验科技创新典型经验的通知》，结合学校实际，制定了《B 大学科技成果转化管理办法（修订）》，激励科技成果转化，并与人事处、计财处等相关部门密切合作，全力打造科技成果转化过程的保障环境，确保科技成果顺利转化，为地方区域经济做贡献。

此外，比较历年的科研经费支出可以看出，B 大学对自身科技创新与科研成果转化极为重视，投入稳步增加，其中科学技术支出主要包括：技术研究与开发科技成果转化和扩散（反映促进科技成果转化为现实生产力的应用、推广和引导性支出，以及基本建设支出中用于支持企业科技自主创新的支出）、科技重大项目（反映用于科技重大专项的经费支出）、科技重大项目重点研发计划（反映用于重点研发计划的有关经费支出）、其他科学技术支出（反映其他科学技术支出中除以上各项外用于科学方面的支出）。

（三）培养专业技术人才

B 大学继续教育学院针对当前 B 大学所属地家政服务行业企业化、市场化进程缓慢，居民对家政服务的认识不足，家政服务发展混乱，家政服务管理机制不健全，服务人员技能水平不专业，培训收费无统一标准等问题，依托 B 大学品牌，建有母婴护理、产妇催乳、养老护理等专业实训室，打造 B 大学所属地家政事务培训品牌基地，培养优秀家政服务人员，培训专业技能、家庭理财、礼仪常识等，搭建高端家政服务平台，提高服务人员综合素质能力，从而促进家政服务业更好更快发展，提升 B 大学所属地人民幸福指数；同时还面向 B 大学所属地国企及事业单位，通过调研访谈等方式，帮助企事业建立人才培养体系，开展对应培训，实现人才职业技能的提升。

B 大学航运学院依托自身拥有丰富航海经验的教师队伍，面向贫困地区符合条件的青壮年招聘船员，并进行专业培训，使其达到脱贫目标，为地方精准扶贫做贡献。

第九章　B大学提高服务社会能力的策略

地方高校服务社会是高校和社会的共同任务，绝不仅是地方高校或地方社会单方面的任务，必须是高校加强其学科建设、科学研发以及学校自身的统筹规划和指导，为社会培养实用型、创新型人才，同时地方政府也必须重视和大力推动校企合作，把高校的建设纳入区域经济发展的总体规划，充分发挥高校服务社会政治、经济、文化、生态的职能。地方政府甚至可以像国家试行经济特区一样，也给予地方高校更大的发展空间。

当代中国高等教育深化改革是需要研究的重要课题，地方高校需要关注相关问题，以便地方高校为区域经济建设提供可持续服务的作用。地方高校要服务于区域经济建设，不仅要注重人才的培养，还要重视相关成果的转化，更重要的是，要注重促进区域化生产、教学和研究相结合，为社会经济的发展提供技术支撑，为此，地方高校要调动企业和政府各方力量，在“创新创业教育、特色新智能库建设、大学间学科优势联盟”等方面持续努力，确保区域经济建设的可持续发展。同时教育本身肩负着促进社会发展的重要使命，更肩负着中华民族伟大复兴的重任。高校服务社会突出了地方高校的社会责任感以及对国家的贡献。如今，众多高校基于国家不同、文化不同、经济发达程度不同以及自身情况不同，虽将服务社会纳入办学理念，但各个高校的履行情况、实现效果不尽相同。本书通过对 B 大学服务社会发展的现状、内容、特点、机遇、挑战等的分析，提出地方高校服务社会发展的策略，主要有以下几种。

第一节 创立高校、地方政府与企业的协作机制

地方高校与经济的良性互动必须建立在三方联合机制创新的基础上，包括校政企三方，其中高校对区域经济的服务效果不明显，其责任、权益差异很大。其主要原因是缺乏规范的制度和利益分配机制。因此，探索如何通过机制创新，构建新的组织，促进地经济和文化的发展，实现三方良性互动，是地方高校必须解决的一个重要问题。

（一）三方协作运行机制

在区域经济建设过程中，校政企三方的关系非比寻常。似看不见，但相互影响确实存在，就像一个独立的磁场，共同形成一种垂直螺旋相互作用关系。区域经济的主要推动力来自校政企三方的联合作用，三者的相互作用合力成为地区经济的主要驱动力。三者应形成相互协调的关系，政府与企业之间，政府可制定配套政策和激励条例，政府与企业的合作机制主要是通过政府制定的政策法规为企业的发展提供保障；政府与高校之间，其合作机制应注重激励和支持；企业与高校之间，高校在构建人才、资源、信息、技术合作共享平台的基础上，还应该完善与企业的合作机制，实现二者的互利共赢。

（二）推动设立政府主导的教育科研建设

政府不仅是蓝图的勾勒者，还是经济创新、政策引导和高校创新的绘画者，不仅要积极引导各方的发展方向，还要对相关过程严格把控，做到万无一失。

“十四五”时期，经济社会的高质量发展与教育的高质量发展是密不可分的。在“十四五”规划中，我们准确把握了教育改革与发展的新使命、新目标、新任务，从全球和战略视角构建了教育改革与发展的新格局。完善教育优质发展的制度和机制，全面推进学前教育、基础教育、职业教育、民办教育和高校发展的规模、结构、质量和效益的全方位发展，实现由规模发展模式向内涵发展模式

转变。

学前教育。全面实施“城乡一体化、全覆盖”管理模式，提高幼儿园学前教育管理水平以及护理教育质量，完善学前教育教学研究体系。完善学前教育发展制度和机制，促进学前教育规范、有序、健康发展。“十四五”期间，保障各级各类幼儿园安全、优质、包容发展。小学前三年幼儿园毛入学率达 92% 以上，普惠性幼儿园学位覆盖率达 85% 以上，公立幼儿园占幼儿园的比例为 52% 以上，五星级幼儿园 40 所。

基础教育。实施优质义务教育发展工程，全面实施国家科技创新计划和课程标准，保障适龄儿童、青少年和农民工留守儿童接受义务教育，完善留守儿童照料服务体系，打造一批特色鲜明的品牌学校。义务教育巩固率在 97.7% 以上。推进高质量、特色普通高中建设，规范办学行为，努力实现高质量高资源的不断扩大。B 大学所属地中学建成“B 大学所属省名校”，普通高中综合水平位居省级前列。实施区域教育资源优化配置项目，在新区改造、扩建和建设中做好中小学、幼儿园的配套工作，规划“双陵合作”和“松台南岳”项目的区域教育布局。实施智能教育环境优化工程，加快推进教育信息化建设，建设“智能校园”示范学校 50 所。全面推进普通高中教学改革和质量监控。在基础教育课程建设中选拔优秀人才和先进单位，定期举办中小学科技创新竞赛。加强市级学校教师队伍建设，提高教师专业素质。

职业教育。大力推进新时期职业教育现代化，协调 B 大学所属省理工大学、市现代服务业学校、市机电工程学校、市卫生学校资源，实现中高职教育一体化。加快建设 B 大学所属地师范学院新校区，促进市级卫生学校融入 B 大学所属地师范学院。实施职业教育品牌学校培养项目。到 2025 年年底，全省一流学校将建成市卫生学校、市现代服务学校和北镇职业教育中心，“B 大学所属省名校”将建成市机电工程学校。加强学校企业联盟和品牌专业建设。到 2025 年，全省将建成 15 个一流专业，B 大学所属地师范学院学前教育专业将建成全国一流专业。高标准规划建设中高等职业教育一体化示范园区。依托滨海国家电子商务基地，在 B 大学所属省建立职业培训（实训）中心，打造区域人才培养基地。

私立教育。坚持标准化和支持相结合，促进民办教育健康发展。实行民办教育分类管理，重点支持非营利性民办教育试点学校建设，支持新型教育形式培育，促进办学主体和发展模式多元化。鼓励社会力量进入教育领域，引导各类办学主体以独资、合资、合作等形式开展职业教育。支持B大学所属省理工学院的内涵建设和发展。规范民办非学术教育市场，深化课外培训机构专项治理，加快解决中小学生课外负担过重问题。到2025年年底，建立“标准化+特色+规模”的民办教育学校3所，职业学校2所，学科培训机构5所，艺术培训机构10所。

大学教育。支持B大学所属地高校发展，提高服务区创新能力。充分发挥B大学、B大学所属地医科大学、B大学所属省工业大学、B大学所属省理工职业大学、B大学所属省铁路职业技术学院、B大学所属省石化职业技术学院等高校的人才智力优势，为校地合作打造电子信息平台，深化校政企合作，加快深化生产一体化。围绕“8+3”行业进行教学、研究。充分支持B大学所属地高校的创新和内涵发展，打造服务于B大学所属地地方经济社会发展的平台，为支持B大学所属地高校发展创造条件，确保B大学所属省理工大学校园的建设和利用。制定相关政策，鼓励地方高校引进高端人才，加强学科平台建设、产学研合作联盟、企业研发中心建设等。设立高校科技研究开发专项资助基金。积极支持和推动地方高校博士学位课程建设。

（三）建立资金运行的有效保障机制

政府的作用在高校管理和创新中是一个值得研究的问题，同时政府也应该引起高度重视。地方政府应意识到地方高校存在的重要性，这不仅是区域经济和社会蓬勃发展的基石，也是地方文化的象征。为了提高地方高校为区域经济建设服务的积极性，地方政府除了要履行相应的职能外，还要根据行政管理体制和政府分工，通过科技投入、制度安排等方式创造地方创新环境，为地方高校办学提供支持。研究表明，高校的科研经费和科研产出与政府的支持息息相关。地方高校大多由地方政府出资，很大程度上高校的经济基础就来自地方政府的大力支持，同时政府也影响地方高校能否顺利完成区域经济建设。政府可以通过增加对地方高校的财政投入，使其充分发挥科技创新的优势。主要有两种实现方式：一是各级政府直接划拨资金，推进创新发展；二是政府加强高校科研基础设施建设间接财政支持，促进高校创新。中央和地方财政支持促进地方高校科技创新，这两种方式应相互合作，以最大限度地提高效率。

（四）强化监管的政策落地

制度是组织运作的保障。地方高校与地方政府之间的关系复杂，维护两者之间的关系非常重要。首先，政府作为产学研合作的重要参与者，对促进产学研合作起到推动作用；其次，政府利用关键资金为高校的科技创新提供大力支持，应该受到足够的重视。相关研究表明，政府经费投资与高校科研成果产出成正比。然而，一些学者提出了异议，目前因为监管不完善和各项制度的不完整，政府对高校的支出减少，削弱了政府支持在促进高校科技创新产出中的作用。因此，政府还需要在以下方面做出努力：一是政府根据区域经济建设的战略目标和客观条件，引导地方高校和企业各方制定产学研合作的科学目标、任务和发展规划；二是在校政企合作监管过程中，政府放眼未来，进行长期的协调组织；三是根据产学研合作的总体规划和具体实施方案，政府出台相关政策、市场法规和管理方法，为长期发展创造良好的环境和条件。

第二节　基于供需关系实现有效转型发展

教育的本质在于服务。它是区域高等教育，特别是地方高等学校的基本功能。高校的发展决定了自身为地方经济服务的质量。随着高等教育体制的改革，高校的管理模式呈现绽放式分布，这就导致其服务理念由原来的被动适应型开始向主动服务型转变。服务的转型是一项较大的系统工程，要从多方面考虑，其中包括办学理念的转变、学科专业的转变、人才培养模式的变动、师资队伍建设和学校内部管理机制的转变和转型。

（一）明确服务方向，调整办学定位

为了更好地服务地方经济的发展，高校必须面向市场，按照市场需求做出改变。高校转型的重心必须是服务当地，因此，高校不仅具备当地的区域特征，还

要以服务本地区为立足点，大力推进改革进程。以服务区域的办学理念作为高校发展战略的新方向，使高校可以更好地适应当地社会的发展。在这种制度创新下，高校服务地方经济的属性进一步增强，高校为服务做出的贡献有目共睹，同时高校的努力方向越来越清晰。

（二）提倡以人为本，提高人才占比

如今，人力资源是区域经济的内生动力。内生经济增长理论表明，人力资本、非技术劳动力和新观念都是重要的生产要素，对经济发展有显著贡献。在以上生产要素中，人力资本和新观念起重要作用。教育的服务属性理论认为，教育规模的大小取决于当前社会的发展水平和生产力水平，其经济结构的调整需要与人才类型的需求相匹配，随着需求的增加，各地应该加大力度按需培养产业型人才。

随着经济的快速发展，高校对人才培训的数量、质量等相关问题日益突出。为此，高校需要培养以下三类专业人才：

（1）技术型人才。技术型人才主要针对关键技术而培养的相关专业型人才，主要职责在于解决实际工程中相关专业问题，在攻难克艰的过程中迎难而上。

（2）管理型人才。管理型人才不但要有管理专业知识，还需要在工作中考虑各方因素协调相关部门和专业人员，兼顾解决环境保护问题和成本时效问题。

（3）操作型人才。操作型人才主要是为了满足区域经济建设的切实需要，为经济建设实操的一类人。通过对人才类型的分析，高校在培养人才时应该从实际需求出发，按照不同专业的实际需求设置课程。高校肩负着为当地培养经济、教育、文化和科技人才的重任，这就要求高校要转变培养观念，提升服务经济发展的效能，优化人力资本，主动担当起服务社区经济的重任。

在经济快速发展的背景下，支持经济建设的人才成为刚需，地方高校应该按照需求设置对应的培养科目和专业，特别是培养实用型人才，能够为当地经济发展做出贡献。地方高校要重视实用型人才的培养和转化，优化人力资本，为促进经济发展增砖添瓦。

（三）有效对接产业，合理优化教育布局

判断一所大学成功与否的重要标志是专业结构是否合理，能否融入市场，促进经济和社会发展。当前，地方高校需要进一步调整其学科和专业结构，以适应所属省地区经济建设对人才的需求。同时，要促进和鼓励跨专业、跨学科的合作与创新，培养复合型专业，根据区域建设对人才需求的结构和变化，按需配套相关专业和内容，在保证数量供给的同时提高专业素质。

高校应该大力发展新兴和应用型专业。高校要瞄准学科的最新动态，根据与实际组建相关的学科专业群使一些前沿科技专业作为代表，相当一部分专业也可以运用于实际经济建设，比如，滨海新区经济带，东湖高新技术区开发，依托对应的策略和财政支持创建教育平台，推广相关专业人才。政府可以为校企合作提供财力、物力和政策支持，充当科技革新的动力，高校还要提倡和鼓励跨专业协作和跨学科创新，培育复合型人才，依据区域经济建设对人才需求的变化，发展与之配套的专业，在保证数量供应的同时提高人才培育质量。

（四）增强科技投入，精准对接急难愁盼

提高高校科技服务转型效率的方法有很多种，首先，深化合作创新理念，组建新的科研队伍和大力推广新技术。在学科联盟和高校平台的大背景下，创新平台为国内外高校服务经济社会提供了宝贵的经验，高校应该利用自身的技术和科技资源，大力培育和发展科研创新，组建自己强大的科研团队。其次，科研成果的转化和推广。高校利用实验室和教育平台将成熟的科研成果推向企业和社会，这样既可以发挥自己创新的优势，也可以在推广的过程中积累宝贵的经验，地方高校要充分发挥自身优势，开展形式多样的咨询服务，签订技术服务合同。最后，学校要打破校企合作壁垒，寻求更加开放的合作方式，鼓励校内教师走向地方和企业，同时吸引企业和地方人才走进校园，加强双向资源交流方式，同时鼓励大学生创新创业，发挥人才在区域经济发展中的作用。

第三节　拓宽B大学与区域经济联结的纽带

地方高校的一大内在属性是服务地区经济。近年来，高校的产出成果和论文数量呈逐渐增加趋势，但是较多都缺乏创新。结合前人的研究以及国内外宝贵的经验，地方高校可以从以下三个方面促进当地经济发展。

（一）建设具有地域特色的智库

智库是指产生思维产品和智慧的人才储备库。智库对促进经济的发展起至关重要的作用，其中高级的智慧型人才是最具有价值的。智慧型人才与技术型人才的区别在于，前者主要强调操作能力，而后者主要强调使用大脑的能力。美国经济迅速发展的原因与美国人依靠聪明才智赚钱密不可分。可以说，靠脑力劳动是智库财富变现的主要途径。研究表明，智库形成的产品主要有三种类型：一是钻研各种期刊和实验报告对国内外的实践经验进行梳理，以启示国内。二是通过对报告和文献的分析先了解问题然后再澄清相关问题。三是通过报告对相应的问题提出建设性意见。这三类智库为所有相关问题提出了答疑，对相关问题的咨询有深刻的参考意义。地方高校应加强对智库的内涵意义的研究和服务条例管理，阐明对策研究的针对性和有效性，以增强智库的智力服务力度，提高整体服务质量。

总的来看，目前全国高校智库的立项到建立尚处于谋划初始阶段，其主要开展地在大城市。如上海、天津、北京等地教育部门出台了智库相关建设方案和立项工作的安排。2013 年，原上海教改委员会颁布了《上海高等学校智库建设实施方案》，针对第一批 13 个高校智库建设立项规定了相关的实施措施与方案，同时第二批排布的高校立项还在紧张的安排中；北京于 2014 年颁布了《北京高校新型智库建设实施方案（试行）》，有望在 2033 年前后相继完善和建成 30 个较为完整的智库；同年，天津教改委颁布并制定了《天津市高校智库决策咨询研究成果资助办法（试行）》。智库的建成需要以积极的政策引导和完善的制度为先决条件，这不仅需要联动各方进行匹配协调，还需要规划和引领地方高校特色新型智库建设的顶层设计，各地政府要设定精选、立项、考核、评估等相关具体环节。政府可以加强主攻方向的顶层设计，具体实施方案的宏观管理与良性利好的政策指导，明确地方高校智库的建设任务和发展方向，实施超前建设并且发挥区分特色。在区域内外建立高校智库平台，构建良性的合作机制，共同解决复杂的经济建设问题。

（二）区域高校携手共绘发展蓝图

地方高校因为地域限制，自身缺乏品牌效应和对应的财政支持。高校的办学特色在各项职能学科上都有体现，其服务的区域范围深受影响。学科建设是地方高校的战略之一，地方高校要大力提高服务经济建设的质量和水平，需要与学科之间共同发展、协同创新。高校和学科之间还需要整合优势资源，学科联盟的作用是整合优化合作共享当地高校学科资源、最大限度发挥区域学科优势、促进学科快速发展。高校联盟要以经济建设为中心，制订相应的发展目标，促进教育优势的整合，引导高校在区域经济可持续发展道路上大放异彩，提高地方高校服务于区域经济建设的影响力。

从国际来看，有亚洲大学联盟，其中组成高校为：北京大学（中国）、香港科技大学（中国）、国立首尔大学（韩国）、清华大学（中国）、东京大学（日本）、朱拉隆功大学（泰国）、印度理工学院孟买分校（印度）、沙特国王大学（沙特阿拉伯）、新加坡国立大学（新加坡）、纳扎尔巴耶夫大学（哈萨克斯坦）、阿联酋大学（阿联酋）、印度尼西亚大学（印度尼西亚）、科伦坡大学（斯里兰卡）、马来亚大学（马来西亚）和仰光大学（缅甸）等，旨在促进亚洲大学间的全面合作和深入交流，发挥大学在解决区域性和全球性问题中的重要作用。

从国内来看，有 9 校联盟（C9），其中组成高校为：北京理工大学、重庆大学、大连理工大学、东南大学、哈尔滨工业大学、华南理工大学、天津大学、同济大学、西北工业大学，是由国内具有理工特色的重点综合性大学组成。目前，更多的是联盟之间各类会议召开的信息，其他很少。

（三）打造地域文化浅滩，铺就创新桥梁

中华优秀传统文化是我们最深厚的文化软实力，应使之成为涵养社会主义核心价值观的主要源泉。优秀的地方传统文化是推动区域经济建设的又一关键措施。

首先利用高校的管理模式，加快高校文化整合的体质改革，保护高校的理念转化和各项职能转变，其各项职能利用学院文化和科技力量完成对学院的管理体制及运行机制改革，有利于学院保护模式方式的创新。其次，要依托地方高校，加强学术人才培养。人才的素质决定了高校文化保护和发展的质量和水平。加强硕士与博士的培养包括迅速补充科学研究队伍，使青年骨干稳定成长，强大的队伍才是稳步发展的根基。

第四节　打造区域经济文化教育共同体

（一）突出高等教育的区域定位

树立正确的社会服务理念。我国高校的职能诞生于一个特殊的时代。以政府为代表的行政权力在很大程度上促进了高校的发展，也促使高校承担起“学习外国人，掌握自己的技能”的社会责任。做好高校本质教育工作是一切服务的前提，要不断深化对高校服务社会重要性的认识，还要增强为经济社会发展的自觉性，同时认识到服务由被动性向主动性转变。首先处理好高校职能之间的关系，利用自身特点和优势形成服务特色，积极拓展服务渠道施展其服务的竞争力。不同层次和不同阶段的高校服务社会的优先级和对服务社会的方式都有不同的理解，其中共同点是每所高校都有自己的社会责任，还必须保障教育内容的多样性，注重服务社会获得的反馈，尽量树立自己的品牌形象。相关高校要积极主动地融入社会，了解社会市场的需求，同时借助社会实践的机会增加交流，在教学管理过程中实践相关的宝贵经验，潜移默化地将服务的意识融入全体师生的生活

中。高校最终需要培养社会服务的道德意识，可以开展职业道德培训，培养职业道德素养，增强高校服务主体在道德约束力和行为选择方面的敏感性，同时对企业等宣传高校的积极、优秀、先进的文化观念。

树立社会服务观念，强化服务意识。地方高校人才密集，科技力量雄厚。办学水平对该地区的人力资本有重大影响。地方高校为区域经济社会发展提供人力、技术和文化支持，成为区域发展的主要贡献者。因此，地方高校应突破服务区域经济社会的观念障碍，深化服务观念和服务意识。增强责任感和使命感，引导全体师生积极适应区域建设，主动发掘服务经济的主要途径，提高服务意识和自我服务能力，找到正确的服务方向。地方高校是区域经济发展的动力源泉。地方高校要把握自身的学科优势、准确定位优化结构、内涵发展，根据学校的特点、优势、服务能力以及区域发展的实际需要选择不同的服务模式，努力提高不同层次、不同领域的服务质量，突出服务重点、落实服务措施。

（二）整合区域资源，实现精准对接

地方高校设立的主要目的就是推动当地的经济发展。其基本特征之一是服务于产业或地方区域经济发展。地方高校要实现发展，也要以此为己任。地方高校的学生毕业后流向省内的方式很多。他们的发展还取决于当地独特的资源和环境。因此，地方高校必须从区域经济社会和高校自身发展要求出发，在办学定位上加强“地域性”，积极探索区域经济社会发展模式。只有与区域经济和社会发展紧密结合，地方高校才能更好地获得社会和政府的支持。地方高校应以培养应用型人才为重点，避免盲目与研究型大学比较，利用有限的资源更好地反映自己的特点，尽可能突出区域“独特性”，最终实现“不可替代性”。

（三）布局人才与产业的引导纽带

创新高校人才培养模式要改变传统的教学模式，以学生为中心，以能力为标准，以就业为导向，加强高层次应用型人才的培养。高校可以将其理论教学和实践教学相结合，严格分配比例，着重培养学生解决问题的能力，改革传统教学的方式和方法，鼓励教师以课堂为定位，对基础课程和实践课程进行全面改革。高校应促进教学内容、教学模式和教学方法的创新，激发学生学习的内生动机，提

高人才培养质量。培养一批技术型人才，为当地经济发展做出卓越的贡献。因此，高校以为社会培养高素质人才为发展目标，通过对目标的探索合理设置课程，使得教学任务的构建层次明确、课程体系完善。

积极调整学科专业布局。在开设专业时，应考虑学生发展、就业和企业对人才的需求。学科的专业布局对高校培养高素质人才有至关重要的作用。积累和催生了具有较强竞争力的传统优势学科。因此，地方高校必须调整传统学科，培育均衡的人才供求结构，确保学校在专业设置和产业结构发展上处于“协调”状态，避免地方企业对人才的需求不均衡。同时，要发掘高校的专业特色，积极建立特色专业，科学制订适应学生发展和市场需求的学科和专业计划，使高校培养的专业人才更好地服务于区域经济发展，成为区域经济社会发展的人才分配中心和高科技着力点。

加强实训过程。从强调实践教学入手，探索适合应用型人才培养模式，形成教学、实践训练与活动相结合的教学设计，突出专业实践能力。灵活设计实践教学环节。建立“灵活体系”学习机制，提高实践教学学分比例，完善实践教学体系，发挥学生自身优势，加强生产教育一体化。推进人力资源改革，亟须深化产业与教育的融合，促进人才与产业的有机联系，成为地方高校人才培养的重要模式。地方高校应注重产业需求，加强实践教学，完善人才培养体系。

（四）促进相关科研成果快速落地

由于缺乏制度支持，许多地方高校虽与政府和企业签订了协议，共同构建了良好有效的制度和机制，但实际实施过程与预期效果之间仍存在较大差距。因此，还需要建立相关制度，确保地方高校能够更好地为地方经济社会发展服务。根据《中华人民共和国科技成果转化促进法》，在探索制度机制的建设过程中，地方政府应主动克服政策上的困难，与企业和政府进行沟通和探索，政府应该确定地方高校的责任和义务，建立完备政策体系。高校科技成果的转化已经取得了一定成就，但是高校的创新力度会限制科技与经济的结合程度，导致科技与经济在转化过程中存在很多问题。在党的英明领导下，政府要完善高校科技成果转化的分配制度，提高科技成果转化效率，实现人才的引进、培养和人才开发与流动，构建完整的引导体制和机制，为人才流通和引进给予政策性的指导。

面向行业进行应用研究。重点解决地方民营企业和中小企业的科技问题，关注区域经济发展等问题，通过专利转让、产品开发和技术转让手段加速科技成果的转化。高校人员深入基层研究，提出切实可行的建议，为地方科学决策提供参考，更要加快产学研合作的步伐，提高高校科技转化对经济增长的贡献率。

深化科技成果体制机制改革。进行科研管理体制改革，建立多元化的成果验收、评审和评价机制，提高审计标准和成果质量。高校设立科技成果管理机构，加强对科技成果创新和市场应用的审查，并由三方机构专业评价校政企等相关机构。注重科技成果数量和质量同步增长。完善评估激励机制。高校科技成果转化分配制度要协调个人和集体的利益分配，建立绩效组合奖励模式，同时还要奖励突出科技成果和对社会做出卓越贡献的参与者。

（五）发扬地区悠久历史文明，建设文化集群

将文化传承和创新融入学校的整体规划。地方高校应从战略的角度将主导文化发展纳入学校规划，厘清区域文化的价值构成，优化区域文化资源的品质，积极探索高校在文化传承和继续创新过程中的问题。制订科学的文化建设规划，只有深刻理解地域文化的内涵才能促进区域文化的传承和发展，激发研究和传播的热情，实现文化的认同感和自觉性。区域文化的内涵随着时代的发展而不断变化。地方高校应秉持先进理念，在教育教学过程中，培养符合区域文化发展要求的人才，鼓励地方高校专业人员开展文化研究，提高学生的文化自信心，让学生在实践中感受文化的价值，同时让师生感同身受，使文化烙印深深刻在师生心中，创新表达形式，具有更深层次的思想内涵和更丰富的表达载体，真正实现区域文化的传承与创新。

推进地方特色文化发展研究。地方高校逐步深入研究领域，找到正确的方向，形成特色和品牌，向社会展示文化研究成果，更好地帮助人们了解文化形成的过程以及对应的精神内核，还可以了解当地的社会风俗，增强人们保护、发展和创新地方文化的积极性，为地方政府决策提供参考。加强地方高校文化产业园区建设。利用高校优势资源建立文化旅游、文化娱乐等新的文化产业，打造“文化产业园区”。高校将现代科技数字信息应用于文化建设的各个领域，使高校文化产业园成为文化企业的孵化器，带动传统文化产业的技术创新，促进区域特色

文化产业的发展。打造具有地域和地方特色的校园文化，其特征包括地理环境、历史文化、民俗风情等。其中有爱国主义、创新进取精神、严谨的学术文化，是地方高校校园文化建设的基础。地方高校要牢牢把握地方文化特色，立足地方特色建设校园文化。地方高校还应利用校园文化的影响力，促进地方经济、政治和文化的发展，积极融入社会，引导社会，提高文化软实力，进一步促进地方高校自身建设和地方经济社会的长远发展。

结　论

中国特色的社会主义中国梦，其内在要求是经济的快速协调发展。高校在未来发展的核心基础和基本的社会职责就是利用自身的优势培养为区域经济发展起促进作用的优秀人才，要实现高校与当地经济建设发展的高度整合，需要高校积极互动、荣辱与共。本书首先明确了地方高校的核心理念、区域经济和社会服务，然后介绍了地方高校为社会服务的办学理念和理论支撑，分析了区域经济对地方高校的需求，得出了校政企三方的基本职能及其相互关系，系统探讨了高校在经济建设的内容、条件、目标、原则和实现途径，同时政府要加强政策引导和监管，企业要做好相关实践的平台搭建，高校需要为市场培养相应的人才和做好战略技术储备。本书以国内外成功的高校服务地区经济案例开展了深入研究，以实际案例分析反映了 B 大学所属地地方高校与区域经济建设的关系。

在地方高校服务社会的过程中，地方高校必须依托社会经济基础。地方高校若想获得可持续发展，离不开良好的经济制度环境、完善的制度建设，高新技术产业化和高新技术成果的转化。

在当今高新技术产业快速发展的过程中，地方高校不仅要利用自身科技和优势，实施内涵式发展模式，还要吸引企业注入科研经费和创业资金，共同争取政府资助。如此，地方高校不仅能得到科研资金的补充，还能提高自身的生存和发展质量。

在 21 世纪的知识经济发展中，地方高校和企业作为相互依存、相互促进的两股力量，联系日益紧密。为适应知识经济社会的发展，地方高校需要通过实施产学研项目，与大型企业集团或控股集团直接结对，强强联合，建立长期安全、稳定、可靠的合作关系，形成良性的校企互动机制。

政府的引导和监督二者缺一不可。通过政府的宏观调控、具体政策和引导，以及社会各界共同努力，已经建立起适应区域经济社会发展的地方高等教育体系，形成地方高校社会服务的科学机制和相对完善的运行体系。在科技进步的基础上实现真正的社会区域经济发展，以及在服务社会经济发展中实施“科教兴国”战略。

地方高校在履行社会服务职能过程中还需要注意以下问题：

首先，履行社会服务的职能与统筹高校四大职能的关系。社会服务只是现代大学四大基本职能之一，与人才培养、科学研究、文化传承相辅相成。过于强调地方高校服务社会的职能，会忽视其他功能，损害大学固有的独立性和学术自由，而社会服务也会失去动力，无法实现社会区域经济的发展。培养高新型、创新技术型人才、高素质人才是高校的工作，因此，地方高校在服务社会时，要注重与培养人才相结合，让学生在社会服务过程中也能得到实践锻炼和自身提高，为他们今后更好地服务社会打下坚实的基础。地方高校的科研具有独立性、长效性、基础性、功利性弱等特点，相反，地方企业等其他社会单位的研究则相对快速、功利性强，若师生因为经济效益而选择做一些商业价值较高的研究项目，放弃具有较大学术价值的基础研究项目，对学校和社会发展产生不利影响。近年来，高校的第四职能文化传承越来越受到社会、国家的重视。优秀的文化是多年积累的“正能量”，高校作为“社会的良心”，是这种正能量的来源和坚持，也是传播和推广的地所。一些高校更注重能带来“真金白银”的社会服务，而忽视了对影响灵魂、提振精神的“隐形财富”——文化传承。地方高校提供的社会服务不仅包括区域经济建设，还包括地方政治、文化、社会以及生态文明建设，实现全面的、高质量的服务。

其次，不同类型的地方高校服务社会的方式方法有所不同。其在办学理念、人才培养目标、专业和课程设置、对学生掌握基础理论和实践技能的要求存在差异。因此，在服务社会时，对内容、方法、范围的理解也就不同，高校的人才培养应灵活应变，具体情况具体分析。比如教学研究型大学，其承担着一定的基础研究任务，它的人才培养和高技能实用型人才的培养不同于高职院校，在专业和课程设置上，教学科研型大学不仅需要考虑与社会区域经济发展需求相匹配的适应性，还需要考虑其作为学术共同体的独立性和学术自由度。高职院校根据社会市场的人才需求变化、经济发展趋势，对专业、课程等学科进行调整。

最后，地方高校要回归自身的特点和实际。各个地方的发展历史、经济发展趋势、发展环境以及文化底蕴不同，高校的办学特点、自身实力、学科建设也有所不同，因此，各地高校要根据自身的实际情况，脚踏实地地发展。例如，专业性强的院校要根据自身的专业优势服务区域经济的发展；而科研能力强的高校要立足于对事物的研究，通过研究出高性能设备、新能源材料以及AI智能化设备，加强社会、国家的科技力量，使社会迈入智能化。而高职院校应根据区域或地方经济社会发展的需要，因材施教，直接设置相关专业，以“订单式”培养各类高技能、实用型人才。

展望未来，地方高校应充分利用其学科优势、人才优势、科研优势、地域优势，把握国家科技创新大局，拓展与地方社会政府、企业等单位的合作领域，坚持政治、经济、文化、文明、社会“五位一体”策略，结合地方社会的政治、经济、文化、文明，贯彻“因材施教”方针，实现人们日益增长的教育需求的同时，早日实现中华民族的伟大复兴。

参考文献

[1] 杨勇兵 . 高校校名对高校与地方互动的影响研究 [D]. 南昌：江西财经大学，2022.

[2] 黄春蕾 . 地方高校服务乡村振兴战略的对策探析 [D]. 桂林：广西师范大学，2022.

[3] 何克抗 .21 世纪以来的新兴信息技术对教育深化改革的重大影响 [J]. 兰州：电化教育研究，2019，40(3):5–12.

[4] 韦海晋 . "互联网 +" 背景下高职院校社会服务能力提升策略的探索 [J]. 太原：现代职业教育，2022(29):28–30.

[5] 周登高，廖湘阳 . 地方高校服务社会主义新农村建设策略研究——"威斯康星思想" 的启示与借鉴 [J]. 呼和浩特：前沿，2007(9):216–218.

[6] 王伊梦 . 普通本科高校社会服务能力评价研究 [D]. 广州：华南理工大学，2019.

[7] 向延平 . 地方性高校社会服务绩效评价分析——以吉首大学为例 [J]. 吉首：吉首大学学报 (自科版)，2012，33(3):100–104.

[8] 薛凯喜，胡艳香，杨泽平，等 . 论高等学校社会服务效能评价及研究策 [J]. 哈尔滨：高教学刊，2016(4):71–72.

[9] 吴峰 . 论区域高校社会服务能力的培育 [J]. 临沂：临沂大学学报，2003，25(2):34–36.

[10] 刘涛，油永华 . 高校社会服务能力评价体系的构建及应用研究——以山东省高校为例 [J]. 济南：当代教育科学，2016(17):33–36.

[11] 王杨 . 高校思想政治教育服务学习研究 [D]. 北京：北京交通大学，2012.

[12] 张英彦，周冲 . 地方高校服务乡村振兴战略的思考 [J]. 合肥：安徽农业

科学，2021，49(8):280-282.

[13] 周浩波 . 地方综合性大学社会服务职能的时代特征与实践路径 [J]. 沈阳：现代教育管理，2021(2):16-22.

[14] 孙健 . 区域高校服务地方经济社会发展的探索——以惠州学院对接惠州市推进粤港澳大湾区建设为例 [J]. 北京：中国高校科技，2021(5):93-96.

[15] 刘炯天 . 新时代高校服务国家战略和区域经济社会发展的思考 [J]. 北京：中国高教研究，2018(4):9-11，54.

[16] 李志娟 .“双一流”建设背景下，地方高校服务型行政管理建设研究 [D]. 南昌：南昌大学，2018.

[17] 王一迪 . 服务区域经济发展的地方本科高校人才培养模式研究 [D]. 南宁：广西大学，2018.

[18] 崔智敏，宁泽逵 . 定量化文献综述方法与元分析 [J]. 武汉：统计与决策，2010(19):166-168.

[19] 高翠娟，孙明明 . 我国资源型城市的绿色转型——基于 CNKI 的系统性文献综述 [J]. 唐山：唐山学院学报，2022，35(4):91-97，108.

[20] 张钥榕 . 基于人地协调观培养的高中地理情境教学案例设计研究 [D]. 呼和浩特：内蒙古师范大学，2021.

[21] 傅文第 . 历史的使命——21 世纪中国教育的突破与创新 [M]. 哈尔滨：黑龙江人民出版社，2006.

[22] 马晓春，牛欣欣 . 创业型大学 : 地方大学变革的新图景 [M]. 济南：山东人民出版社，2013.

[23] 孙佳林 . 高中化学教师教学表现的表征、测量与评价研究 [D]. 长春：东北师范大学，2019.

[24] 惠志丹 . 乡村振兴战略背景下农业高校服务乡村人才振兴研究 [D]. 武汉：华中农业大学，2020.